OEUVRES
COMPLÈTES
D'ÉTIENNE JOUY.

TOME XXIV.

ON SOUSCRIT A PARIS:

Chez JULES DIDOT AÎNÉ, rue du Pont-de-Lodi, n° 6;
BOSSANGE père, rue de Richelieu, n° 60;
PILLET aîné, imprimeur-libraire, rue Christine, n° 5;
AIMÉ-ANDRÉ, quai des Augustins, n° 59;
Et chez l'AUTEUR, rue des Trois-Frères, n° 11.

ŒUVRES

COMPLÈTES

D'ÉTIENNE JOUY,

DE L'ACADÉMIE FRANÇAISE;

AVEC DES ÉCLAIRCISSEMENTS ET DES NOTES.

Cécile, ou les Passions.

TOME II.

PARIS
IMPRIMERIE DE JULES DIDOT AINÉ,
RUE DU PONT-DE-LODI, N° 6.
1823.

CÉCILE,

ou

LES PASSIONS.

CÉCILE,

ou

LES PASSIONS.

LETTRE L.

MADAME DE NEUVILLE A MADAME DE CLÉNORD.

Paris, 1786.

L'homme, et qui plus est la femme, propose, et Dieu dispose; mes malles étaient faites, les chevaux étaient à la chaise de poste; je croyais coucher ce soir à Orléans, et demain t'embrasser à Beauvoir, et voilà qu'un incident imprévu me retient à Paris, je ne sais pour combien de temps encore. Je laisse au chevalier Charles le soin de me justifier auprès de toi; pour le moment, je me contente de te dire qu'il a jugé lui-même mon séjour à Paris indispensable ; si tu ne sentais pas tout le poids de ma justification, je serais obligée de t'avouer que tes vœux et ceux d'Anatole sont en partie exaucés, et que le goût de la philosophie m'a fait presque perdre celui du veuvage : mais c'est encore un texte dont un autre s'est réservé le commentaire.

Comme cet autre est en voiture, et qu'il attend ma lettre pour partir, je ne te dirai pas tout le plaisir que m'a fait la tienne; je ne te dirai pas tout le chagrin que j'éprouve à me voir contrainte de différer encore notre réunion après laquelle j'aspire depuis six mois; tout cela d'ailleurs s'explique de soi-même.

Je voudrais bien que tu fusses assez généreuse pour me céder Anatole pendant quelques jours; mais, comme je te crois un peu égoïste en amitié, c'est une commission dont je charge spécialement Cécile, afin de mettre son désintéressement à l'épreuve.

Le postillon fait claquer bien haut son fouet, pour m'avertir qu'il s'impatiente : le pauvre Charles, les yeux fixés sur le balcon de la chambre où je suis, éprouve toutes les angoisses d'une attente pénible; il est temps de finir son supplice et le mien; je vous embrasse tous, la larme à l'œil.

LETTRE LI.

PAULINE A CÉCILE.

Beaugency, 1786.

Il est des pressentiments qui ne trompent jamais : avant d'ouvrir ta lettre, j'en connaissais le contenu.... j'en aurais dicté chaque ligne, excepté celle où *tu renonces à mon amitié*.... Y renoncer !.... je t'en défie.... et pourquoi Cécile me punirait-elle de sa faute? pourquoi me priverait-elle du plus cher, du plus saint de mes droits; celui de consoler mon amie malheureuse ? Tu auras beau m'exagérer tes torts, appeler crime ce que je nomme fatalité; je ne t'en aimerai pas moins, et, grace à la tournure de mon cœur et de mon esprit, peut-être même t'en aimerai-je davantage. Veux-tu savoir à quoi se borne ton forfait à mes yeux? à mettre ma prévoyance en défaut de quelques mois. J'étais sûre que Cécile appartiendrait un jour à Anatole, et j'avais pris mes arrangements d'avance pour l'aimer dans cette terrible supposition.

Ce n'est pas sur ce ton, il est vrai, que je te parlais dans ma dernière lettre; mais il s'agissait alors de t'effrayer sur le danger de ta chute; te voilà tombée, je n'ai plus rien à faire qu'à te tendre la main.

Je ne suis plus un enfant, Cécile; je raisonne comme une autre, mieux qu'une autre, et surtout mieux que toi, dont la raison est toujours dans le cœur; or, je soutiens que si, comme le dit mon confesseur, on n'est pas innocente pour ne pas oser commettre la faute que l'on médite, on ne peut être coupable pour avoir commis celle que l'on a fait tout son possible pour éviter; à nous juger toutes deux sur ce principe, la plus vertueuse des deux pourrait fort bien encore être cette Cécile si criminelle à ses propres yeux....

Juge de ma surprise : c'est Anatole qui vient de m'interrompre; jeter un cri, renverser ma chaise, et lui sauter au cou en fondant en larmes, tout cela dans un moment et en présence d'Albert qui ne savait trop qu'en penser. Mais le messager va partir; je suis obligée de fermer ma lettre avant d'avoir pu trouver l'occasion de causer seule avec le cher oncle; mais je devine et j'approuve le motif qui l'engage à quitter Beauvoir, au moment où M. de Clénord arrive ; son coup d'œil tendre, humilié, caressant, m'annonce qu'il est instruit que je suis au fait; tant mieux pour tous les deux; nous parlerons sans contrainte; nos cœurs en ont un égal besoin.

LETTRE LII.

ANATOLE A CÉCILE.

Beaugency, 1786.

Comment ai-je fait pour m'éloigner de toi ? où mon ame a-t-elle trouvé des forces pour m'arracher des lieux où respire Cécile ? J'ai pu mettre entre nous un espace que le son de ta voix ne peut franchir, que mes regards ne peuvent traverser, et dans quel moment encore m'as-tu contraint à un pareil sacrifice ! quand ta présence est devenue le seul besoin de ma vie et de la tienne, quand la mort auprès de toi me serait cent fois plus douce que l'éternité du bonheur céleste ; non, ma Cécile, aucune puissance humaine n'aurait pu m'arracher d'auprès de toi ; tu m'as dit : *Anatole, je le veux*, et je suis parti ; et me voici seul, isolé, triste, inquiet ; le même toit ne nous réunit plus ; ce n'est plus le même air que nous respirons ; les yeux de Cécile ne se sont point arrêtés sur les objets qui m'environnent, et j'y cherche en vain la trace de tes regards.

Je veux distraire ma douleur en songeant que je me trouve auprès de ta jeune amie, que je pourrai parler de Cécile avec elle.... de Cécile, nom magique! il retentit à mon oreille, il remplit tout mon être, il me fait tressaillir; je ne puis sans trembler en tracer les caractères; et mes yeux, quand je les relis, se remplissent de larmes brûlantes; un poids insupportable pèse sur mon cœur accablé de mélancolie et d'amour.... mais je suis auprès de ton amie, et mes soupirs pourront s'exhaler en sa présence....

J'entends minuit sonner. Hier! hier! Cécile! éternité d'un instant! passé, présent, avenir, le temps tout entier est concentré sur un seul moment de ma vie! hier à cette heure elle était sur mon sein; je la tenais pressée contre mon cœur!... Image d'un bonheur sans mesure, embrase de nouveau mon ame trop faible pour la félicité suprême, mais ne consume pas mes forces. Cécile est à moi; elle m'appartient à jamais, devant les hommes, devant Dieu; nulle puissance humaine ne saurait ni anéantir cette vérité, ni briser ce lien impérissable comme l'amour qui le forma.

L'avenir qui me menace, je l'interroge sans crainte; je souris aux persécutions et je défie le sort de me réserver assez de malheurs pour compenser cette félicité sans bornes qui m'élève au-dessus de la destinée même. Cette fermeté, je ne l'aurais pas, ma bien-aimée, si je ne l'avais trouvée dans ton propre cœur, inépuisable source de sentiments délicieux; souviens-toi de tes paroles quand nous nous quittâmes hier : « C'est en vain que j'ai le sentiment des « malheurs qu'une passion fatale appelle sur ma « tête; je sens qu'il n'est point d'infortune au monde « pour quiconque est aimé comme Cécile; et si je « brave le péril qui te menace, juge de quel œil je « vois le danger qui m'environne. »

Je n'ai pu trouver l'occasion, mon unique amie, de te faire part, avant de te quitter, de mes inquiétudes sur le sort de ma dernière lettre à Charles. La date de celle de madame de Neuville qui nous annonce le départ de mon ami, me fait craindre qu'il n'ait quitté Paris avant que ma lettre ne lui soit parvenue. Si elle tombe dans les mains de ma sœur, aux termes où elle en est avec Charles, peut-être ne se fera-t-elle point scrupule de l'ouvrir, et notre secret!... je tremble....

Ne me laisse pas ignorer tes moindres actions; que je puisse te suivre dans toutes tes pensées, dans tous tes mouvements. Je ne sais quel pressentiment confus m'avertit que l'arrivée de ton père doit être pour nous l'époque d'un grand événement. Que je sache le jour où il est attendu.

Le prétexte de changement d'air nécessaire à ma

santé, que j'ai donné à ma sœur, m'oblige de faire ici quelque séjour; je resterai donc à Beaugency pendant quelques semaines; mais je le sens, Cécile, il est impossible que je vive éloigné de toi. Huit petites lieues nous séparent, et je puis les franchir en moins de deux heures!

LETTRE LIII.

CÉCILE A ANATOLE.

Beauvoir, 1786.

Onze heures sonnent; enfin me voilà seule, retirée dans ma chambre. Si tu savais, Anatole, combien ils me gênent, combien la présence des êtres les plus chéris m'oppresse et me fatigue! je n'ai plus que toi pour témoin de mes larmes. Ah! puisque je t'ai sacrifié mille fois plus que la vie, que du moins le sentiment qui m'a perdue remplisse mon cœur et le soulage en le dévorant!

Je ne sais quelle nouvelle force m'élève et me soutient; je ne suis plus la même; Anatole est timide auprès de moi, je puis tout entreprendre, tout braver, et je n'imagine point de péril au-dessus de mon courage. Quelle est, dis-moi, mon tendre ami, cette nouvelle audace? pourquoi une faible femme te surpasse-t-elle en force d'ame? L'avenir est pour moi sans crainte et même sans espoir; j'ai rempli ma destinée. Je sens que j'occupe aujourd'hui la seule place qui m'était assignée sur la terre; j'attache je ne sais quelle idée de superstition et de providence au lien fatal qui nous unit.... Bientôt il faudra ne plus se voir; mon père est attendu sous peu de jours, et tout se prépare dans la maison pour son retour. Ne plus se voir!.... as-tu compris ces paroles? Nécessité désespérante! je me répète que cela doit être, et je ne puis croire que cela soit jamais. Le froid de la mort me saisit quand je songe que ton absence est réelle, inévitable, qu'elle peut être longue, que sais-je? peut-être éternelle, et que ta présence est une fiction de mon amour.

La solitude m'est devenue chère; je crains tout ce qui peut me distraire de la seule pensée qui me permet de vivre. Seule, bien seule, je me retrouve avec toi, je te parle, je t'écoute, je t'entends; aussi vais-je souvent rêver sur les bords du petit étang, je m'enfonce sous les allées épaisses du bois qui l'entoure, et je suis sûre de te trouver sous le vieil orme que la foudre a tant de fois sillonné; sa tête est dépouillée, mais ses branches inférieures sont encore verdoyantes et jeunes. Je m'assieds au pied de cet arbre, et les heures s'écoulent, et la journée fuit.... Adieu, Anatole; adieu, mon ami; toutes tes pensées sont les miennes, unique bonheur de Cécile! Tu trompes comme elle l'insupportable ennui de l'absence, en te rapprochant par l'imagination de celle qui vit pour toi seul. Adieu, mon ami; demain encore je serai à sept heures sous le vieil ormeau.

P. S.! Si ta dernière lettre était tombée entre les mains de ma tante, si notre secret!.... Qu'importe à qui s'enivre de son bonheur criminel, à qui trouve, dans son amour, son orgueil, son devoir, et sa religion?

LETTRE LIV.

ANATOLE A CHARLES.

.... 1786.

Comment l'espace de quelques heures suffit-il pour renfermer tant de joie, tant de douleurs, des sentiments si violents et si opposés? Je l'ai revue; je l'ai pressée sur mon sein!... Jamais je n'eus si grand besoin d'épancher mon ame et de confier à mon ami les souvenirs brûlants qui m'obsèdent, et jamais je ne fus moins en état de parler et d'écrire.

Peut-être hier soir auras-tu remarqué son absence : eh bien! Charles, elle était près de moi! A quelque distance de la ferme de Beauvoir est un joli petit bois sur le penchant du coteau : c'était là que je m'étais pour la première fois trouvé seul avec elle; que j'avais vu se développer à mes yeux ce que la nature a de plus délicieux, les sensations naives d'une femme qui joint aux douces qualités de son sexe les mâles vertus qui manquent si souvent au nôtre... C'est là, qu'elle m'avait écrit la veille, qu'elle irait m'attendre. Il y a dans le malheur et dans l'amour je ne sais quel égarement : absorbé dans une seule idée, l'homme devient maniaque et fou ; il poursuit dans toutes les circonstances la seule pensée qui l'occupe sans partage. Il faut être très passionné pour concevoir la folie ; et je pense, mon ami, que ces organisations profondément sensibles, qui recèlent en elles-mêmes un foyer trop ardent, approchent bien plus que les autres de cet état d'insanité que la pitié flétrit, et où la raison ne devrait souvent voir que les ruines des esprits supérieurs, victimes de leur propre énergie.

A quel propos ce raisonnement sur la folie ? Serais-je semblable au joueur qui devient philosophe en perdant son or? Je le sens trop, mon ami ; ce sont des excuses que je me prépare... cet état ne peut durer... Revenons à mon récit.

Je m'étais occupé long-temps d'avance des préparatifs de mon départ. Il me semblait que je me rapprochais d'elle à chaque nouveau détail dont je m'occupais. Pendant que les heures de la matinée s'écoulaient, Cécile absente était devant moi : je la voyais, je touchais sa main ; je croyais respirer son haleine ; je me promenais à grands pas à travers la chambre, en la nommant, en lui parlant. O mon ami ! depuis que cet amour funeste me domine, j'aspire à perdre entièrement la raison. Ce qu'il y a de plus pénible au monde c'est d'avoir pour ainsi dire une partie de son ame éveillée sur les égaremens de l'autre; c'est de se contempler soi-même; c'est de conserver assez de jugement pour comprendre tout son délire, et trop de délire pour ne pas briser violemment toutes les entraves de la raison.

Je partis à deux heures; mon intention était d'arriver à six heures au rendez-vous, d'aller à cheval jusqu'à Saint-Laurent, et de faire à pied les cinq petites lieues qui me sépareraient encore de Cécile. A peine avais-je commencé ce chemin si doux, dont le but était toujours présent à ma pensée, que je méditai sur les moyens d'abréger la route. Je me souvins d'un sentier de traverse que l'on nomme la route des Genêts, et qui trace au milieu des champs une ligne à-peu-près diagonale. Arrivé au tiers de ma route, je crus reconnaître ce sentier, et je n'hésitai pas à le prendre. Je m'égarai dans la forêt qui entoure le château des *Somynes*. Déja cinq heures devaient être sonnées; le retour des troupeaux et les ombres du soleil se prolongeant sur les plaines, m'annonçaient une époque avancée du jour. Mes regards inquiets cherchaient vainement à l'horizon la touffe de bois qui couronne la ferme. Déja le jour finissait, j'étais épuisé, j'avais pressé le pas, et la sueur ruisselait sur tout mon corps. Je m'aperçus trop tard que j'avais pris une route pour une autre, et, me détournant un peu sur la droite, j'allai frapper à la porte d'une petite cabane dont la maîtresse m'indiqua mon chemin. Je m'étais égaré d'une grande lieue. Juge de mon chagrin. Je craignais que Cécile ne fût partie après m'avoir attendu longtemps; mon cerveau était brûlant, et je joignais à la fatigue de l'esprit la lassitude du corps.

Déja la lune se levait et les dernières clartés du jour mouraient à l'horizon, quand, le cœur saisi de joie et de crainte, j'entrai dans le petit bois, et je me dirigeai vers l'étang, cherchant à reconnaître le vieil ormeau où nous devions nous joindre.... J'écoute: une voix harmonieuse, une voix que nulle voix de femme n'imitera jamais, soupirait dans l'épaisseur du bois le nom d'Anatole! C'était elle! La nuit était venue, et le bruit de nos pas dans les broussailles était notre seul guide. Nous nous rencontrâmes. Je la vis, je la vis à demi cachée par l'obscurité du feuillage, à demi éclairée par les rayons de la lune qui se levait. O mon ami! réunir dans un instant, dans un éclair, tout ce qui pourrait composer une vie entière, la passion, le désespoir, le bonheur, la joie, l'enivrement; éprouver tant d'émotions à-la-fois, paraît impossible; et cependant voilà ce que je sentis.

Quand elle vit mes habits déchirés et mouillés,

mon front battu de mes cheveux trempés de sueur; quand elle s'aperçut que mes genoux tremblaient et que je me soutenais à peine, elle me prit dans ses bras avec cette compassion tendre qui n'appartient qu'à une femme. Nous nous assîmes au pied du vieil orme; ma tête était sur ses genoux; d'une main caressante, elle étanche avec son voile la sueur qui couvre mon visage; ô délices, ô volupté, dont rien ne peut donner l'idée sur la terre!

Qu'il fut court, le temps que nous passâmes ensemble! Et cependant, ô mon ami, quels siècles de plaisirs vulgaires valent cette heure fortunée! Peu de paroles, peu de discours étrangers à l'expression toujours la même, d'une passion si malheureuse, si enivrante, se mêlèrent au sentiment de notre félicité qu'ils auraient corrompue. Quand je pense que cette femme angélique, pour laquelle tous les sentiments de père, de frère, d'amant et d'ami, se réunissent dans mon sein; quand je pense que cet être seul, auprès duquel le monde et toi-même disparaissent à mes yeux; quand je pense que Cécile ne sera pas mon épouse, que je l'ai arrachée à tout ce qui faisait son repos, et qu'elle périra par moi: alors, mon ami, la force de penser et de vivre me manque; le désordre s'empare de tout mon être, et je sens que ma raison m'abandonne.

Ah! que je la conserve quelques jours encore!....

Cécile en me quittant m'a appris qu'elle allait passer quelques jours avec sa mère et le chevalier de Saint-Julien, au vieux château *des Bruyères* qui appartient à M. d'Amercour.... Elle m'a promis que nous nous y verrions encore une fois avant le retour de son père.

LETTRE LV.

ANATOLE A LUI-MÊME.

1786.

Non, le cœur humain n'est borné ni dans ses desirs, ni dans ses douleurs, ni dans ses jouissances! Hier encore, je croyais avoir épuisé tout ce qu'il renferme de délices, et je n'avais connu que le bonheur d'un homme : la nuit dernière, j'ai goûté des plaisirs célestes. C'est au moment où je suis encore sous cette influence divine, que je veux me rendre témoignage à moi-même de quelques heures d'une existence qui appartient à un autre ordre de choses. Je le sens, dans quelques jours mon cœur n'aurait plus d'interprète, et ma pensée manquerait d'expressions.

Cécile, en me quittant, m'avait promis que nous nous reverrions avant l'arrivée de son père; hier, à cinq heures du matin, j'ai reçu le billet suivant :

« Nous sommes, depuis deux jours, *aux Bruyères*, en grande compagnie; trouvez-vous, au déclin du jour, à l'endroit que l'on nomme le *Chêne des Dames;* un billet déposé dans le creux de cet arbre vous en dira davantage.

« Vous pourrez prendre adroitement les renseignements dont vous avez besoin pour arriver à cet antique château, perdu au milieu des bruyères dont il porte le nom. »

A neuf heures du matin j'étais en route, instruit dans les moindres détails de tout ce qu'il m'importait de savoir : dans la crainte d'arriver de trop bonne heure, et d'être rencontré par quelque personne de connaissance, je m'arrêtai dans une closerie à plus d'une lieue des Bruyères; j'y fis un modeste repas que je fis durer jusqu'au moment où je vis le soleil descendre à l'horizon.

Grace aux informations que m'avait données M. d'Amercour, et à celles que j'avais prises chez le vigneron où j'avais dîné, j'arrivai droit à ce *Chêne des Dames* que m'avait indiqué Cécile; j'y trouvai le billet qu'elle m'avait annoncé.

« Le sentier qui vous fait face conduit à une sapinière au-delà de laquelle se trouve le fossé du château. On peut le traverser, en cet endroit, au moyen de quelques arbres jetés en travers du saut-de-loup. A quelques pas de là, une voûte en rocaille est creusée sous un monticule d'où l'on découvre, au-delà d'une vaste bruyère, l'une des quatre faces du château. Dans cette partie, la seule habitée en ce moment, il vous sera facile de reconnaître une petite fenêtre en ogive, à la lueur rougeâtre qu'on y verra briller, quand toutes les autres seront éteintes. »

La nuit est venue, je me suis réfugié sous la voûte, d'où je sors vingt fois pour aller observer les fenêtres du château.... Que le temps me dure!.... que je desire!... que je souffre!... Mais les fenêtres s'éclairent, et tous les hôtes du château viennent d'entrer dans leur chambre à coucher.... Qu'y font-ils?.... Plus d'une heure s'est écoulée... aucune lumière ne s'éteint... mais elles disparaissent!... Je n'en compte plus qu'une!... ô bonheur! tout est dans l'ombre....

Je m'approche, je reconnais la fenêtre en ogive. Une lumière se promène sur le rideau de pourpre qui la ferme; toute ma vie est dans mes yeux.... La fenêtre s'ouvre: un des bouts d'une longue torsade, attachée à l'intérieur, tombe à mes pieds; je m'en saisis, et à l'aide du treillage que je touche à peine, je m'élance dans la chambre d'où la lumière a disparu. J'en retrouve la trace sous la porte de la chambre voisine... je reste quelque temps immobile, la poitrine oppressée : enfin je prends courage, je porte une main tremblante sur la clef, j'ouvre et j'entre d'un pas mal assuré. Tout mon corps palpitait; un nuage obscurcissait mes yeux.

J'aperçois Cécile à moitié évanouie sur un fauteuil, je me précipite à ses pieds; j'y veux en vain recueillir mes esprits, ma tête n'avait plus d'idées, ma bouche ne pouvait s'exprimer que par des soupirs. Enfin je me hasarde et j'ose lever les yeux sur la divinité aux pieds de laquelle j'étais prosterné en silence. Tant de beauté pouvait-elle être le partage d'une mortelle? Je la vois encore, la tête mollement inclinée sur son sein, portant à-la-fois sur sa figure les impressions de la crainte, de la pudeur, et de l'amour; je vois les pleurs qui s'échappent à travers sa paupière; ils tombent sur son sein, et s'y évaporent comme des gouttes d'eau sur un fer brûlant. « Divine Cécile, m'écriai-je en sortant de l'extase où m'avaient plongé toutes les sensations qui m'assaillaient à-la-fois, laisse tomber un regard sur le fortuné mortel qui meurt à tes pieds d'amour et de reconnaissance! » Elle souleva ses longues paupières d'ébène encore chargées de larmes, et ses yeux d'azur s'attachèrent dans les miens avec une expression si tendre!... Je me crois transporté dans les cieux.... l'ivresse du bonheur s'empare de moi : je me lève; je parcours à grands pas cette chambre ou plutôt ce sanctuaire de la divinité de mon cœur. Tous les objets dont je suis environné appartiennent à Cécile, ou servent à son usage : cette glace a retenu l'empreinte de ses traits adorés; ces parfums n'embaument pas de leur odeur, ils me semblent exhaler quelque chose de cette essence divine que je ne respirai jamais qu'auprès d'elle.

La vue de ce lit embrasait mon ame et mes sens; je n'osais le regarder. L'égarement de ma tête régnait dans mes discours et dans mes actions; j'allais, je venais, j'errais autour d'elle : je saisissais ses vêtements épars, je les couvrais de baisers; j'avais besoin d'intermédiaire pour arriver jusqu'à Cécile.... « Idole de mon ame, lui disais-je en retombant à ses pieds, aie pitié du désordre où tu me vois; si tu es une divinité, pourquoi cette illusion ravissante de mes sens? Si tu es une mortelle, pourquoi cette crainte religieuse qui m'arrête? »

« Anatole, me dit-elle d'une voix faible, je suis plus qu'une divinité, je suis ton amante. » Et sa main, en parlant ainsi, tombait dans la mienne, et sa tête venait chercher un appui contre mon sein. J'osai la serrer dans mes bras; les siens s'enlacèrent autour de mon corps, et son haleine embaumée vint effleurer mes lèvres. Je le recueillais d'une bouche enflammée, ce souffle d'amour, mais je tremblais encore d'aller le respirer à sa source : Cécile franchit l'intervalle, et nos ames se réunirent dans un baiser.

Moment de félicité suprême! Nuit d'éternelle mémoire, je ne profanerai pas le mystère d'amour dont tu fus témoin! Restez ensevelis dans mon cœur, souvenirs ineffables des plaisirs que j'ai goûtés dans les bras de la plus parfaite créature qui jamais ait été formée! Ne crains pas, ange de pudeur, que ton amant sacrilège trahisse, même auprès de l'amitié, le secret de son bonheur!.... Ah! ce serait en vain que je voudrais retracer toutes les délices de ta possession : il n'est point de langue qui pût les exprimer. S'il est des mots pour peindre l'ivresse de mes sens, les transports de mon ame embrasée, en est-il qui puissent donner une idée de cette volupté céleste, de cette ravissante sensibilité, de cette pureté des anges qu'il n'appartint jamais qu'à toi de réunir? En est-il qui puissent rendre le charme attaché à tes caresses, à tes soupirs, à ce doux abandon de ton ame, à cet étonnement si naïf de la plus aimable ignorance? En est-il sur-tout qui puissent exprimer ces gémissements si tendres qui attestaient le triomphe de ton heureux amant? Oui, nous étions (comme tu le disais en me pressant sur ton sein) « les deux moitiés réunies du même être; » mais je n'en étais que le corps; Cécile, tu en étais l'ame : et moi; semblable à ces substances inodores qui s'approprient, par la communication immédiate, un parfum qui leur est étranger, je puisais dans tes bras une existence nouvelle; ton amour m'élevait jusqu'à toi.

LETTRE LVI.

MADAME DE CLÉNORD A MADAME DE NEUVILLE.

Beauvoir, 1786.

Mon mari est enfin de retour! Imagine quelle rumeur dans le village! Toute la maison est en désarroi. Sa santé est parfaite, et rien n'aurait troublé le bonheur de cette journée, si quelques paroles prononcées légèrement ne m'avaient d'abord effrayée pour l'avenir. Tu partageras ma crainte, ma bonne sœur, car il s'agit de la destinée de Cécile. Je crois que mon mari se trompe, dans ses idées sur cette chère enfant.

A peine s'était-il assis au milieu de nos félicitations et de nos caresses, qu'il se leva, me prit à part, et me dit : « Décidément Cécile est d'âge à choisir un époux; que pensez-vous enfin du comte de Montford? » Et sans attendre que je répondisse : « C'est un homme de la plus haute naissance, il a de la fortune, un rang, de l'esprit; Cécile sera très heureuse. » Je voulus persuader à M. de Clénord qu'il était bon d'attendre encore quelque temps. Tu sais, ma chère, combien de répugnance j'ai toujours montré pour cette union, qui n'offre à ma Cécile aucune chance de bonheur.

Toutes mes observations ne servirent qu'à donner plus de force à la volonté de mon mari; il me déclara que le comte était l'époux qu'il destinait à sa fille, et que demain il le lui présenterait en cette qualité.

En effet, ma bonne amie, dans la matinée du lendemain, pendant que nous étions à broder dans le grand salon, et que nous nous plaignions du mauvais temps qui nous retenait au château, mon mari est entré avec M. de Montford; tu ne le connais pas: figure-toi un homme de trente et quelques années, d'une figure assez fine, mais sans autre expression. Ses manières sont aisées, nobles, et pourtant n'inspirent point de confiance.

Après une conversation froide et générale, mon mari, d'assez mauvaise humeur, s'était jeté sur un sofa, d'où il lançait tour-à-tour un mot à Cécile, pour l'exciter à prendre part à la conversation, et une phrase au comte pour lui fournir matière à faire briller son esprit. Le comte n'en manque pas; mais je lui crois encore plus de suffisance et de jargon : il a parlé de la cour, de la philosophie moderne, et de l'insolence des paysans, du ton d'un homme qui n'estime que sa classe et enveloppe tout le reste dans une bienveillance pleine de mépris.

Plus sa visite se prolongeait, plus j'étais embarrassée de la froideur toujours croissante de Cécile, et de l'agitation que mon mari avait peine à dissimuler. L'air avantageux, la malice affectée du comte, son ton de supériorité, sa galanterie pleine de confiance, n'étaient pas de nature à plaire à ma fille, qui les accueillit avec une froideur dédaigneuse dont je lisais, pour la première fois, l'expression sur sa figure douce et modeste. Le comte, sans se déconcerter, après avoir offert ses hommages à Cécile, et lui avoir demandé avec plus de grace que de sensibilité la permission de venir lui faire sa cour, sortit avec M. de Clénord pour aller visiter les étangs de Saint-Valery, dont nous venons de faire l'acquisition.

Cécile, au départ du comte, a tourné sur moi un regard tendre et douloureux, où j'ai lu tout ce qui se passait dans son ame; je n'ai pu, en cherchant à la rassurer, lui donner une confiance que je suis loin d'avoir moi-même; nous avons pleuré ensemble.

Ah! tu me l'as dit souvent, ma bonne: l'histoire de l'Aigle de La Fontaine, percé d'une flèche armée de ses propres plumes, est celle de toutes les ames douées d'une sensibilité trop vive. Elles sont blessées par les armes qu'elles ont fournies, et les dons que leur fait la nature ne servent qu'à leur malheur.

Charles d'Épival est ici; sa bonté, son esprit, sa grace, parviendraient à me distraire si je pouvais échapper à je ne sais quel pressentiment funeste qui me poursuit. Ah! ma sœur, je sais quel est le caractère de M. de Clénord, je connais ma fille, et il m'est impossible de ne pas jeter un coup d'œil de terreur sur ce mariage si légèrement projeté, et si décidément arrêté.

P. S. Il devait croire que mon frère était à Beauvoir, et cependant il n'a pas paru surpris de ne pas l'y trouver.

LETTRE LVII.

MADAME DE NEUVILLE A CHARLES D'ÉPIVAL.

.. ..1786.

Une indiscrétion sans excuse m'a tout dévoilé : j'ai ouvert, je dois vous l'avouer, une lettre que vous adressait Anatole. Quel aveu j'ai surpris! quel secret j'ai découvert! Cette passion fatale a détruit notre bonheur à tous. Le mal est fait, il ne s'agit plus de le prévenir, mais d'y remédier s'il est possible. Je pars demain ; peut-être réussirai-je à force de soins et d'adresse à parer le coup dont la première violence ne peut manquer d'être terrible.

LETTRE LVIII.

MADAME DE NEUVILLE A ANATOLE.

Beauvoir, 1786.

Je sais tout, Cécile a déposé dans mon sein un horrible secret. Je suis tentée de vous maudire quand je songe à celle dont vous avez à jamais flétri l'existence, que vous avez précipitée dans un abyme de honte et de douleur ; si jeune ! si pure ! si accomplie !... Malheureux ! que deviendra-t-elle ?... Que deviendra sa mère, ses parents, ses amis et les tiens ? Notre existence à tous était attachée à la sienne.... Tu nous as tous perdus... et cependant je te rends justice, tu n'es pas un méchant homme ; ton cœur est bon, généreux, honnête ; mais une passion désordonnée y croissait à l'ombre d'une orgueilleuse sagesse, et tu lui as fait le sacrifice de tout ce qu'il y a de sacré sur la terre....

Mais je dois me faire violence et vous épargner des reproches qui pourraient vous conduire au découragement, seul malheur que vous ayez aujourd'hui à redouter. Osez envisager votre position, elle est horrible ; mais si votre crime est grand, notre amitié est sans bornes.... Cher et cruel Anatole, vous ne savez pas encore jusqu'où s'étend votre infortune.... Peut-être la punition d'un moment d'erreur est-elle déja commencée..... Cécile craint... Que dis-je ! elle espère... Dans quel égarement vous l'avez plongée!...

M. de Clénord est arrivé hier soir, deux heures après moi.

LETTRE LIX.

CÉCILE A ANATOLE.

...1786.

Trois fois j'ai voulu commencer cette lettre, et trois fois la plume s'est échappée de mes doigts. C'en est fait!... le crime est puni; la honte, la douleur, la félicité suprême, sont à jamais mon partage. Ils sauront tous le secret de notre cœur. Je suis perdue!... Je suis heureuse!

Devines-tu, Anatole, sens-tu tous mes tourments, toutes mes délices? Je n'en puis plus douter, un gage de notre amour vit dans mon sein. Les résolutions les plus désespérées se pressent dans mon cerveau. Tantôt je veux me jeter aux pieds de mon père, et lui demander ma grace ou la mort : tantôt je veux fuir, fuir avec toi, périr, me cacher au sein de la terre. O toi! mon époux, mon bien, mon malheur et mon seul appui, père de cet être infortuné qui naîtra sous de si cruels auspices, quel secours te demander? Que faire? que devenir, Anatole?

LETTRE LX.

ANATOLE A MADAME DE NEUVILLE.

Beaugency, 1786.

Quelle réponse exigez-vous de moi? quelles expressions pourront vous donner une idée de mes regrets, de mes douleurs, de mon désespoir? Croyez-moi, ma sœur, quelque amers que soient vos reproches, ils sont bien moins cruels que ceux que mon cœur m'adresse. Combien je suis coupable!...

Coupable, sans doute ; mais, chère Émilie, pourrais-tu croire qu'une fatalité inévitable ne présidât pas à tant de malheurs? Pourquoi la seule femme digne de tant d'amour était-elle celle que la société me fait un crime d'aimer? pourquoi l'ai-je vue? pourquoi, en venant chercher sous le toit paternel le bonheur et la paix, ai-je rencontré un éternel sujet de douleur et de repentir? Sous quel astre infernal suis-je né!

Ma sœur, ma tendre sœur, dans le délire où je suis, j'assemble des mots et ne puis lier des idées....

Ordonne, Émilie, faut-il m'éloigner pour quelque temps, pour toujours? Je partirai, je retournerai dans cette Amérique nouvelle où j'aurais pu mourir avec quelque gloire; peut-être effacerai-je tous ces souvenirs de mon cœur; peut-être....

Ah! ma chère sœur, à quoi tient notre malheureuse existence? Vois-moi anéanti, perdu à jamais, sans espoir, sans avenir, dévoré de remords, poursuivi par le passé, bouleversé par le présent, et ne voyant dans les jours ou les années qui me restent qu'un long sujet de désespoir.

Je ne demande pas à te voir, à t'effrayer de mes remords; mais prends pitié de ton malheureux frère; mais écris-moi, parle-moi d'elle; d'elle, que j'ai précipitée dans l'abyme, et que je ne voudrais pas rendre à l'innocence au prix de cet amour forcené qui fait mon crime et son malheur.

LETTRE LXI.

CHARLES A ANATOLE.

Beauvoir, 1786.

En te rendant compte de la scène qui s'est passée hier à Beauvoir, et dont je suis encore profondément ému, je ne ménagerai point ta sensibilité; il y a des fautes dont il faut porter la peine intérieure, et que l'amitié même ne doit pas chercher à affaiblir.

M. de Clénord, après avoir présenté le comte à Cécile (comme madame de Neuville m'a dit te l'avoir raconté), dès le lendemain a signifié à sa fille que son intention était de voir bientôt terminer un mariage *illustre* (je me sers de son expression), qui conduisait Cécile à la cour, et alliait sa famille à l'une des plus grandes maisons de la France et de l'Angleterre. Cécile n'avait d'abord répondu que par des larmes, et sa mère, qui ne voulait que gagner du temps, s'était bornée à opposer aux vœux de son mari l'extrême jeunesse de sa fille.

Quelques jours s'écoulèrent sans que M. de Clénord revînt à la charge, et nous commencions à espérer, sinon qu'il eût renoncé à son projet, du moins qu'il en avait ajourné l'exécution. Juge de notre douleur et de notre étonnement, lorsque hier au soir, à la fin du souper, où se trouvaient le comte de Montford et toute la famille d'Amercour, il invita, de l'air le plus solennel, la société à passer dans son cabinet, où nous trouvâmes un notaire, assisté de ses deux acolytes. A cette vue, Cécile, à qui le comte donnait la main, le quitta brusquement, et alla se réfugier entre sa mère et sa tante, en les regardant l'une et l'autre avec un sentiment de terreur dont je n'oublierai jamais l'expression. Quand tout le monde fut assis, M. de Clénord prit la parole, et prévint l'assemblée qu'il s'agissait du contrat de mariage de sa fille. « De mon mariage ! s'écria-t-elle en se jetant dans les bras de sa mère. — D'où naît votre surprise? reprit avec beaucoup de sang-froid M. de Clénord; depuis plusieurs jours n'êtes-vous pas prévenue de la recherche honorable dont vous êtes l'objet? — Je me flattais, continua-t-elle avec timidité, que mon père interpréterait mon silence, et que monsieur (s'adressant au comte) croirait devoir s'assurer de mon consentement après avoir obtenu celui de mon père.

— J'avoue, mademoiselle, répondit M. de Montford, que je me croyais suffisamment autorisé par votre silence, auquel mon amour et mon respect pour vous ne me permettront jamais de chercher un motif étranger à cette pudeur dont je me plais à voir en vous le modèle. — Nous avons peut-être été un peu vite, interrompit M. de Clénord, mais l'empressement du comte est trop flatteur pour que ma fille puisse s'en plaindre.... Passons à la lecture du contrat. »

A ces mots, Cécile, entraînée par une émotion violente qu'elle ne pouvait plus maîtriser : « Je déclare, a-t-elle dit d'une voix étouffée par ses larmes, que je ne veux point me marier. — Peut-être, dit Montford en s'efforçant de sourire, aurait-on pu réserver cette scène pour une occasion moins solennelle; mais puisqu'on m'oblige à y prendre part, je prierai mademoiselle Cécile de ne point me donner l'air, aux yeux de ses amis, d'un homme qui veut faire violence à son inclination. Je la prie de se souvenir qu'elle a pu se familiariser depuis plus d'un an, qu'elle a reçu mon premier hommage, avec l'idée d'une alliance dont j'ai l'amour-propre de croire qu'elle pourrait être fière. — Cécile ne répondait pas et fondait en larmes dans les bras de sa mère qui la serrait, en pleurant, contre son sein. M. de Clénord, moins touché des pleurs de sa fille que du mécontentement que témoignait le comte de Montford, essayait de prouver à ce dernier que la douleur à laquelle s'abandonnait Cécile, était l'effet de la surprise et de la modestie; il allait insister pour que l'on commençât la fatale lecture, lorsque madame de Neuville s'adressant au comte: « Mon frère a raison, dit-elle; Cécile était d'autant moins préparée aux vives émotions qu'un pareil moment a dû lui faire éprouver, qu'il avait été convenu qu'il ne serait question de mariage pour elle qu'au retour des eaux, où elle doit m'accompagner et qui lui sont également prescrites; je suis certaine qu'il n'entre point dans les intentions de M. de Montford de changer quelque chose à nos projets, et qu'il ne voudra pas arracher un consentement qu'il peut un jour obtenir. » Cette observation de madame de Neuville, faite à propos et de ce ton d'autorité que tu lui connais, eut tout l'effet que l'on pouvait en attendre. M. de Montford qui prévoyait de la part de Cécile un refus formel dont il était bien loin de soupçonner la véritable cause, se pressa d'accepter un délai qu'il eut l'air de prendre pour un engagement; M. de Clénord qui commençait à craindre les suites d'une lutte entre son autorité et le désespoir de sa fille, ne crut pas devoir se montrer plus exigeant que celui qui appelait déja son gendre; et Cécile, à qui l'imminence du péril faisait voir un moyen de salut dans une circonstance qui en éloignait la menace

LETTRE LXII.

CÉCILE A ANATOLE.

Beauvoir, 1786.

Je vais partir; dans deux heures je m'éloigne pour la première fois des rives de la Loire... Je te quitte sans te voir, toi qui fais ma destinée, toi qui seul peux m'estimer encore après m'avoir rendue indigne d'estime... Mon ami, soutiens ma faible raison qui s'éteint; et, pour me consoler dans cette cruelle épreuve, dis-moi qu'elle met un terme aux poursuites d'un homme qui a pu croire un moment qu'il obtiendrait la main de ta Cécile... Ma main!... l'insensé ne devait-il pas savoir que mon cœur, que ma vie, que tout mon être t'appartient? Hélas!... c'est un crime, un crime au-dessus de la clémence céleste; et j'accuse celui qui a pu m'en soupçonner coupable!... C'en est fait, la vertu, l'innocence, la piété, tout a fui: je reste seule avec mon amour, sans espoir, sans avenir; et pourtant sans remords.

Je ne me suis point couchée; j'aurais craint que

témoignait sa reconnaissance au comte avec un sourire si tendre, qu'il faut pardonner à ce dernier de s'être mépris au sentiment qu'il exprimait.

Tu seras heureux d'apprendre, mon ami, que madame de Neuville, qui ne voulait pas donner aux parties belligérantes le temps de la réflexion, a cru devoir avancer son départ de quelques jours, et que ta sœur et ta nièce partent demain pour Baréges.

P. S. Madame de Neuville a exigé que je ne fisse partir ma lettre que ce soir, dans la crainte assez probable que tu fisses la folie d'aller les attendre sur la grande route : quand tu recevras ce message, les chevaux de poste auront mis soixante-dix ou quatre-vingts lieues entre vous.

cette tempête politique dont tu m'as tant de fois fait observer les signes avant-coureurs ?

J'avais quitté la plume pour relire vos lettres; je la reprends après deux heures d'interruption.... J'aurais voulu vous voir avant mon départ, j'en avais témoigné le desir à ma tante, et sa tendresse indulgente avait concerté avec votre ami le moyen de nous retrouver quelques moments à Blois; mais la crainte d'y rencontrer M. de Montford, qui est depuis quelques jours à Ménars, nous a forcés à renoncer à ce projet. La pensée effrayante d'une semblable rencontre s'est tellement emparée de l'esprit de ma tante, qu'elle a avancé de vingt-quatre heures notre départ, pour que vous ne puissiez en être instruit que le lendemain.

Ainsi donc, mon ami, c'est un long adieu que je vous adresse... Quand vous reverrai-je? en quels lieux?... Avec quel frémissement d'amour et de terreur j'écoute la voix mystérieuse qui me répond!... Le jour paraît, et déja le bruit des chevaux qu'on attèle se fait entendre dans la cour du château. On entre chez moi : c'est votre excellente sœur; elle ne lit point ma lettre, mais elle veut, avant de la fermer, y ajouter quelques mots.

« Rien n'est perdu si vous êtes raisonnable; la lettre de Charles, que vous recevrez en même temps que celle-ci, vous dira ce qui s'est passé à Beauvoir, et les événements qui ont amené notre prompt

LETTRE LXII.

le sommeil ne t'éloignât un moment de ma pensée, dans cette dernière nuit que je passe sous le toit paternel... Je n'efface point ces mots, *dernière nuit*, qu'un invincible pressentiment a laissé tomber de ma plume... Te le dirai-je, Anatole? poursuivie par l'idée que je ne rentrerai jamais dans ce château que je vais quitter dans quelques heures... je regarde tous les objets avec le sentiment douloureux d'une éternelle séparation. C'est dans cette chambre où je t'écris, que l'année dernière, à la même époque, et presque au même jour, mes lèvres mourantes exhalèrent dans ton sein l'aveu coupable auquel ton cœur a si tendrement répondu. Tu m'écrivais : « Ce « que vous appelez votre crime est le mien ; ce que « vous nommez votre honte est la mienne : unis par « la faute, nous ne serons pas séparés par le châti- « ment. »

En te consacrant des jours que tu m'avais rendus, j'ai rempli ma part de notre destinée; mais tu n'as pas achevé la tienne, Anatole : qu'importe maintenant où finisse ma vie ? elle est tout entière dans quelques mois qui t'appartiennent encore... Ta carrière est plus vaste; les hommes ont une mission plus haute et plus étendue que la nôtre à remplir sur la terre. Après avoir vécu pour moi, songe qu'il te reste à vivre pour ton pays; que n'a-t-il pas droit d'attendre de toi, que tant de courage, de talent, et de grandeur d'ame, distingue du vulgaire, dans départ pour Baréges. Notre retour est fixé par M. de Clénord ; mais vous concevez qu'il dépendra de circonstances qu'il n'a pu prévoir. Anatole, vous avez commencé à réaliser la prédiction d'une mère expirante ; vos passions ont creusé sous vos pas un effroyable abyme : n'achevez pas la ruine de celle que vous avez enchaînée à votre destin, et souffrez du moins les avis de ceux qui pourraient vous adresser de si justes reproches. N'allez pas à Beauvoir pendant notre absence, vous pourriez y rencontrer le comte de Montford, et sa vue exciterait en vous des transports que vous n'auriez ni la force ni le courage de contenir.

« Nous ne vous écrirons qu'une fois par semaine ; songez, en nous répondant, que le traitement des eaux, que nous allons suivre, exige, dans l'état où nous sommes, une parfaite tranquillité d'esprit, et que les lettres de nos correspondants, qui pourraient troubler le repos de notre solitude, ne nous parviendraient pas. »

LETTRE LXIII

MADAME DE NEUVILLE AU CHEVALIER D'ÉPIVAL.

Toulouse, 1786.

Nous l'avons emmenée, nous l'avons arrachée des bras de sa mère, et nous voici au pied des Pyrénées. Avant de parler de notre séjour, je vous dois compte de notre voyage. Quelques incidents l'ont attristé, le plus important doit vous être connu; je vous le raconterai cependant, mon ami, ne fût-ce que pour vous mettre à même de comparer les deux narrations.

Il était cinq heures du matin lorsque nous avons quitté Beauvoir; Cécile, qui ne s'était pas couchée, entra dans la chambre de sa mère à qui j'avais fait accroire que nous ne partirions qu'après déjeûner; elle se jeta à genoux aux pieds de son lit, reçut ses embrassements et sa bénédiction d'un air égaré, et monta machinalement en voiture. Le postillon refermait sur nous la portière, lorsque M. de Clénord, amitié, que de seconder mes efforts pour ramener le calme dans vos esprits, et l'espérance dans votre cœur. Je sais que l'amour, ce sentiment doux et terrible, repousse tout ce qui n'est pas lui; mais nous sommes tous bien malheureux, et nous ne pouvons attendre de soulagement que de votre courage; prenez donc pitié de vous pour avoir pitié des autres. »

La chère enfant se jeta dans mes bras, m'appela des noms les plus tendres et s'abandonna sans réserve à toute la vivacité des émotions que j'avais réveillées en elle... Que je me sus bon gré de n'avoir pas emmené de femme de chambre avec nous ! La contrainte que nous aurait imposée la présence d'un tiers, eût empêché Cécile de m'ouvrir son ame tout entière. Quel trésor inépuisable de bonté, de courage et d'amour! Oh, mon ami! qu'elles sont à plaindre ces ames privilégiées, ces ames favorites de la nature, que leur confiance même dans la vertu qu'elles chérissent expose à mille dangers qui n'approchent pas des ames vulgaires!...

Arrivées de très bonne heure à Blois, nous descendîmes à *l'hôtel d'Angleterre* où j'exigeai que Cécile prît un bouillon avant de nous remettre en route.

Le cocher, qui nous avait amenées avec nos chevaux jusqu'à Blois, vint prendre congé de nous tandis qu'on attelait les chevaux de poste à notre voiture;

à qui nous avions fait nos adieux la veille, mit la tête à la fenêtre et nous prévint qu'il allait descendre. Je savais trop bien ce qu'il avait à nous dire, pour ne pas épargner à Cécile le chagrin de l'entendre; je donnai l'ordre au postillon de partir, sans faire attention aux cris que l'on poussait pour nous rappeler.

Je me gardais bien d'arracher en ce moment la pauvre Cécile à l'espèce d'anéantissement physique et moral où je la voyais plongée, et qui lui ôtait du moins la conscience des douleurs qu'elle éprouvait : nous gardions le silence, je tenais sa main dans la mienne et j'épiais sur sa figure les mouvements de son ame. Depuis notre départ ses yeux restaient fixés sur la Loire, mais il était aisé de voir que sa pensée en remontait le cours.

En passant devant Ménars, elle se détourna brusquement et pressa ma main contre ses lèvres. Je commençais à m'effrayer de l'immobilité de ses traits, et j'avais besoin de voir couler ses pleurs. Je prononçai le nom d'Anatole : à ce mot sa poitrine se souleva, et les souvenirs qui l'étouffaient commencèrent à se frayer un passage; je pleurai pour lui arracher des larmes; j'entrai dans tous ses sentiments et je rendis le mouvement à son ame abattue sous sa propre énergie. « Songez, ma Cécile, lui dis-je en la pressant sur mon cœur, qu'il ne vous reste d'autre moyen de récompenser ma tendre les adieux de ce vieux serviteur qui a vu naître la mère de Cécile dans ce même château où il retournait, ont été pour cette chère enfant l'occasion d'une nouvelle douleur, que je me suis bien repentie de ne lui avoir pas épargnée.

Son cœur eut un nouvel assaut à soutenir en passant devant le couvent de Laguiche, où elle me témoigna le desir de s'arrêter un moment : sans m'y opposer d'une manière trop absolue, je parus céder avec tant de chagrin, qu'elle n'insista pas ; mais l'aspect de ce lieu, où s'étaient écoulées les dernières années de son enfance, la replongea dans une mélancolie profonde dont je ne cherchai pas à la distraire pendant le reste de la journée.

Je ne sais quel pressentiment m'avertissait de ne pas nous arrêter à Tours ; mais le jour qui tombait nous menaçait d'une nuit d'orage ; Cécile, fatiguée, avait besoin de repos, et nous ne pouvions espérer de trouver plus loin une auberge aussi bonne que celle du *Faucon* où le postillon nous avait conduites sans même nous avoir consultées.

Je connaissais l'hôtel et nous y fûmes accueillies avec beaucoup d'empressement ; la chambre verte à deux lits, où je me fis conduire, était celle que j'avais plusieurs fois occupée en allant à ma terre de Neuville dans les premières années de mon mariage.

Tandis que je causais avec la jeune hôtesse qui

nous avait suivies et qui donnait des ordres pour préparer notre logement et notre souper, Cécile, après s'être informée de l'heure où partait la poste, s'était mise à écrire. Dans la foule des questions oiseuses que j'adressai à notre hôtesse, je lui demandai si elle avait en ce moment beaucoup de voyageurs. « Deux familles anglaises, me répondit-elle, qui sont ici depuis un mois, et un jeune homme arrivé la nuit dernière et qui doit partir avant le jour. »

Le souper servi, Cécile me remit sa lettre ouverte; je la pliai, la cachetai sans la lire; j'y mis moi-même votre adresse, et je la fis porter aussitôt à la poste par notre courrier, en le prévenant que nous repartirions le lendemain matin à sept heures.

Nous étions sorties de table; j'avais renvoyé les domestiques de l'auberge, et nous allions commencer notre toilette de nuit. On frappe doucement à la porte dont j'avais ôté la clef. Je ne doute pas que ce ne soit une des servantes de l'auberge. J'ouvre; concevez ma surprise, mon ami, concevez la terreur de ma nièce; c'est Anatole!.... Il se précipite dans la chambre, et se jetant aux pieds de Cécile : « Grace, s'écria-t-il, pour un malheureux qui serait mort s'il eût dû renoncer à vous voir avant une si longue séparation. — C'est à ma tante qu'il faut demander grace, répondit Cécile en fondant en larmes; pour moi, mon ami, je vous attendais.... — Mon frère, lui dis-je en réprimant l'expression de ma tendresse, vous avez déja sacrifié de plus chers intérêts que les miens à la passion funeste qui vous possède; comment m'étonnerais-je aujourd'hui d'une démarche imprudente qui ne peut désormais compromettre que moi seule? » Il se montra si sensible à l'amertume de ce reproche, que je me repentis bientôt de le lui avoir adressé. « Cette fois du moins, répondit-il en jetant sur moi un regard qui aurait désarmé l'envie, je n'ai compromis personne, j'ai fait vingt-quatre lieues en six heures de temps avec le même cheval; au lieu de vous suivre, je vous ai précédées; je repars à l'instant, et Charles lui-même ne saura pas que je vous ai vues. » Il y avait tant d'amour, tant de douceur, dans son excuse, que je finis, en lui sautant au cou, par lui témoigner autant de plaisir de le voir, qu'il en avait lui-même de se retrouver avec nous.

Après quelques moments d'un entretien où chacun de nous mit en commun ses vœux, ses craintes, et ses espérances, je dis à Anatole que je ne le tenais pas quitte de la punition que méritait son imprudence; que j'allais vous écrire tout ce qui s'était passé, et que je lui imposais l'obligation de vous porter lui-même ma lettre; « par ce moyen, je serai plus sûre, ajoutai-je en riant, qu'elle lui parviendra, que Cécile ne l'était tout-à-l'heure en vous écrivant par le courrier. »

Cécile et Anatole, en me voyant prendre la

plume, me remercièrent d'un regard aussi reconnaissant que s'ils eussent deviné mon intention de leur ménager la faveur d'une conversation plus intime. Je n'ai point écouté, mon ami, et cependant je pourrais répéter tout ce qu'ils se sont dit. La seule inflexion de leurs voix m'a souvent arraché des larmes dont vous pourrez retrouver des traces sur ce papier...

A minuit.

Anatole nous quitte : cette entrevue dont l'idée me faisait frémir, a eu le plus heureux résultat; cette violente commotion a, pour ainsi dire, retrempé leurs ames; je soutiendrai le courage de Cécile, achevez de rendre Anatole à lui-même.

Adieu, mon ami : les sentiments que je vous ai voués sont à l'épreuve du temps, du malheur, et de l'absence.

LETTRE LXIV.

CÉCILE A ANATOLE.

Barèges, 1786.

Je ne sais, mon ami, quel changement singulier s'est fait en moi. En vous quittant mon cœur s'était brisé, et la douleur seule me faisait sentir que j'existais encore. Comment se fait-il qu'à mesure que je me suis éloignée de vous, le calme soit insensiblement rentré dans mon ame, et qu'à deux cents lieues du seul être par qui et pour qui je vive, j'éprouve une sorte de satisfaction indéfinissable, dont la source est dans ce même sentiment où mon désespoir avait pris naissance? L'espace et le temps peuvent donc rendre plus étroits, plus immédiats, les nœuds qui nous unissent? Il n'est donc aucun obstacle dans la nature qui puisse nous séparer? Depuis dix jours que vous êtes loin de moi, je ne vous ai pas quitté; et, je le dis en rougissant, c'est à peine si le souvenir de ma tendre mère, si la présence de ma tante, de la meilleure des amies, a pu distraire un moment ma pensée du seul objet qui l'occupe, du seul espoir qu'elle embrasse.

Je ne vous rendrai point compte de notre voyage jusqu'à Bagnères. Qu'aurais-je à vous dire, mon ami? que la douce illusion de Tours s'est reproduite sur toute la route; que je n'ai vu que votre image; que je n'ai entendu que le son de votre voix, et que cet amour fatal, auquel je m'abandonne avec terreur et délices, est la seule consolation des tourments qu'il me cause. Mon cœur se nourrit de sa peine, et son poison devient son aliment.

Ce n'est qu'en sortant du joli village de Tressons, et à la vue d'une nombreuse cavalcade de femmes et de jeunes gens que nous rencontrâmes sur la rive de l'Adour, que je m'aperçus que nous touchions au terme de notre voyage.

En entrant à Bagnères, je fus moins frappée de la grace pittoresque de cette jolie petite ville, située au pied d'une vaste colline, à l'entrée de la vallée de Campan, que du bruit et du mouvement qui me parurent y régner. Nous ne trouvâmes qu'avec beaucoup de peine à nous loger près de la source du *petit bain*. A peine étions-nous installées dans la seule chambre vacante d'une maisonnette où se trouvaient cinq ou six autres locataires, que le maître de la maison vint nous apporter la liste imprimée des *baigneurs*, en nous priant de vouloir bien lui donner nos noms pour être inscrits dans la liste supplémentaire. Sans attendre la réponse de ma tante, je m'empressai de lui dire que notre intention n'était point de séjourner à Bagnères, où nous ne faisions que passer pour nous rendre à Baréges. Notre hôte croyait sans doute nous faire changer de résolution en nous assurant « que les eaux de Bagnères étaient bien plus efficaces que celles de Baréges pour la guérison de nos maux (qu'il ne connaissait pas); que cette petite ville et ses environs étaient ravissants, tandis que Baréges n'était qu'un misérable village et la plus triste des stations thermales; que nous n'y trouverions personne, tandis que Bagnères était cette année le rendez-vous de la meilleure et de la plus brillante compagnie de l'Europe. »

Je n'eus besoin de faire valoir auprès de ma tante que cette dernière considération pour la déterminer à nous éloigner bien vite d'un lieu où il était impossible qu'elle restât deux jours inconnue.

Le lendemain donc à cinq heures du matin nous étions sur le chemin de Baréges, où nous descendîmes par la vallée de Bastan. Sa sauvage aridité, le calme solennel de la nature, le silence de cette solitude, semblaient dilater mon cœur; j'éprouvais quelque chose de l'émotion qu'on doit ressentir en rentrant dans sa patrie.

Quelque idée que j'eusse pu me faire de Baréges, l'aspect de ce lieu de désolation l'aurait surpassée.

Du haut de cette route étroite par laquelle on descend ou plutôt on se précipite dans cet abyme, le village que l'on découvre, composé d'une soixantaine de maisons blanches, alignées dans une seule rue, vous offre l'aspect d'un cimetière pratiqué dans une carrière de marbre. Cette image vous suit dans toute la longueur d'une route semée çà et là de blocs de marbre que les avalanches entraînent du sommet des montagnes, et laissent à découvert lors de la fonte des neiges.

Nous sommes logées au pied du pic de Saint-Justin, dans l'endroit le plus reculé et le plus sauvage de cet horrible coin de terre. La jolie maisonnette que nous habitons appartient à l'un des deux gardiens qui restent dans ce village pendant l'hiver, époque à laquelle les propriétaires des soixante-quatre maisons dont il se compose se retirent dans les villes voisines pour échapper au danger des avalanches.

C'est là, mon cher Anatole, au pied de ces grandes montagnes qui semblent suspendues sur ma tête, au sein du remords et de la honte, que je viens cacher quelques jours d'une existence dont l'amour enchante les tourments. Ma santé faible, incertaine, ajoute à ce calme effrayant dont je jouis dans une folle ivresse... Que puis-je espérer? que puis-je craindre, Anatole? ne suis-je pas hors de la vie?... Je vous aime!...

LETTRE LXV.

MADAME DE CLÉNORD A MADAME DE NEUVILLE.

Beauvoir, 1786.

Que la religion est puissante, ma chère sœur! sans elle aurais-je pu apprendre sans mourir le fatal secret que m'a révélé ma fille avant de me quitter, et que ta clairvoyante amitié m'avait inutilement fait pressentir? Cécile aime son oncle!... De quoi servirait de rappeler le passé, et de qui pourrais-je me plaindre?.... de moi seule. Je me suis endormie dans une sécurité trompeuse; j'ai compté sur la probité de mon frère, sur la confiance sans bornes de ma fille, sur la force des principes religieux dont j'ai rempli son ame, et je n'ai pas voulu comprendre que le principal effet des passions est de nous dérober la connaissance de nous-mêmes.... Ne nous occupons plus que de l'avenir.... cherchons-y un recours contre une erreur fatale que je déplore.... Ah! Cécile, Cécile! était-ce lui que tu devais choisir?....

Je n'ajouterai point à tes peines, mon enfant, en te peignant cet amour criminel des couleurs sous lesquelles il s'offre à mes yeux ; et loin de te dire combien je souffre à l'idée de voir s'accomplir une union que la nature, la religion, et la loi condamnent, je ne te parlerai que de mes efforts pour vaincre les obstacles qui s'y opposent : le plus insurmontable, le seul peut-être, est la résistance de mon mari.

Depuis votre départ je ne l'aperçois plus, il passe des journées entières enfermé avec le comte, et tout me porte à croire que le mariage de ce dernier avec Cécile est une chose arrêtée dans leur esprit : il semble que la répugnance invincible que je témoigne pour cet hymen ne fasse qu'irriter la volonté de l'un et le desir de l'autre.

Pour moi, chère sœur, je suis plus déterminée que jamais dans ma résistance à cette injuste oppression depuis que j'ai consulté notre vénérable curé, ancien ami de notre famille : j'ai mis ma douleur aux pieds de ce saint homme ; il m'a écoutée dans un pieux silence ; et, lorsque je l'ai interrogé en rougissant sur la conduite que je devais tenir en cette circonstance, voici en quels termes il m'a répondu : « C'est un devoir pour des parents de diriger l'inclination de leurs enfants ; mais ils n'ont pas le droit de leur faire violence, et l'obéissance qu'une femme doit à son mari ne saurait aller jusqu'à le seconder dans l'abus qu'il peut vouloir faire de son autorité paternelle. Quant au desir que vous témoignez de voir tomber l'obstacle religieux qui s'oppose à l'accomplissement d'un hymen que réprouvent également la religion et la morale, je ne puis vous promettre de faire mes efforts pour les lever, avant que vous ne m'ayez donné par écrit et confidentiellement l'assurance que cette union est devenue *indispensable.* » Si j'ai bien compris le sens de ce dernier mot qu'il a répété plusieurs fois, c'est au cœur de Cécile d'y répondre.

« Mon enfant, c'est à toi que s'adressent les dernières lignes de ma lettre; mesure courageusement ton amour et tes forces : vois ce que ta raison, ton esprit et ton ame, peuvent encore exercer d'influence sur un sentiment si funeste à ton repos et au nôtre; fais réflexion aux suites presque inévitables d'une passion qui étonne la vertu, qui absorbe toutes les affections de ton ame, et qui peut rompre les liens d'une famille dont tu es l'amour et l'honneur.

« Tu le vois, nous n'avons plus d'espoir qu'en toi seule, et notre sort est encore entre tes mains. »

LETTRE LXVI.

CÉCILE A MADAME DE CLÉNORD.

Barèges, 1786.

Quels adieux je vous ai laissés, ma tendre mère! et quelle récompense de tant de soins et de tant d'amour! Cécile, l'objet de votre orgueil maternel, formée sous vos yeux à la vertu dont elle trouvait en vous un modèle achevé; Cécile obligée de fuir pour cacher sa honte!.... Ayez pitié de moi, ma mère, et lisez encore dans ce cœur où vous avez régné si long-temps sans partage. Vous m'accusez d'avoir trompé votre confiance, en nourrissant dans le secret une passion criminelle; mais comment aurais-je pu vous en révéler l'existence? Cette vertu dont vous aviez pénétré mon ame ne m'avait pas moins appris à sentir qu'à penser, et je me livrais au sentiment que m'inspirait votre frère avec toute la sécurité de celui que j'éprouvais pour vous; ses progrès et sa violence même ne me causèrent aucune crainte. Je le mesurais sur l'attachement que je portais à ma mère; eh! comment l'aurais-je combattu cet amour que je voyais partagé par tout ce qui m'entourait? Mon admiration pour Anatole me semblait dictée par l'admiration des autres, et cette supériorité qui le distinguait à mes yeux, chacun s'empressait de la reconnaître.

Un moment vint sans doute où je ne pus me méprendre sur la nature de mes sentiments; le sommeil n'approchait plus de mes yeux; je m'interrogeais dans le silence des nuits; je pleurais et je frémissais à l'idée de vous instruire de ce qui se passait en moi. Tombée dans un profond découragement, bientôt je ne pleurai plus; les larmes les plus amères sont celles qu'on ne verse pas; elles retombent sur le cœur. Déja il n'était plus temps de parler : mon secret m'était révélé en présence de la mort, et je résolus de l'enfermer avec moi dans la tombe. Mon crime fut d'en avoir rendu dépositaire celui que je croyais l'innocent auteur de mes maux ; il me sauva la vie en m'avouant qu'il était mon complice. Il m'aimait, je ne voulus plus mourir. Devais-je corrompre la joie que vous causait mon retour à la vie, en vous annonçant à quel prix je l'avais recouvrée? Je n'en eus pas le courage, et ne m'occupai dès-lors qu'à justifier à mes propres yeux mon déplorable amour.

« L'innocence n'est pas la vertu, m'avez-vous dit souvent, mais les combats qu'elle soutient en ont quelquefois le mérite. » Le ciel m'est témoin des efforts que j'ai tentés, des secours que j'ai cherchés au pied des autels, et j'ose croire que, s'il eût condamné mon amour, il ne m'eût point arrachée au trépas qui pouvait seul m'en délivrer.

Cette passion dont le germe était renfermé dans mon cœur, sans Anatole y fût restée stérile : s'il ne m'avait aimée, qu'eussé-je fait au monde?....

Le prêtre, que vous avez consulté, a besoin, pour lever l'obstacle religieux qui s'oppose à notre hymen, que vous le déclariez indispensable, et c'est moi que vous interrogez sur la réponse que vous devez lui faire!.... O la meilleure des mères, si cette union n'était nécessaire qu'à ma vie, à celle d'Anatole, je ne croirais pas que vous pussiez faire le serment que l'on exige de vous; mais ma tante m'a expliqué toute la valeur, toute l'étendue de ce mot *indispensable*, et j'en dois prendre sur moi la coupable responsabilité : puissiez-vous ne pas cesser d'aimer votre fille en cessant de l'estimer; et pour me pardonner l'aveu auquel je me condamne, ne cherchez pas à en pénétrer le déplorable mystère.

De quelle punition n'est-il pas déjà suivi, puisqu'il retient sur mes lèvres l'expression de tous les sentiments de respect, d'obéissance et d'amour dont j'avais tant de plaisir autrefois à vous donner l'assurance !

LETTRE LXVII.

ANATOLE A CHARLES.

Orléans, 1786.

Je suis tes conseils, mon ami; je m'occupe, je travaille, et je cherche à faire diversion, par l'étude, à cette ardeur corrosive qui s'attache à moi comme la robe de Nessus. Je me dis avec toi, qu'en m'élevant à la contemplation des hautes vérités philosophiques, en tenant mon attention tendue sur les méditations les plus abstraites, je fatiguerai mon esprit, et que la lassitude de ma pensée usera peut-être cette fièvre ardente qui me consume.

Dans cette retraite studieuse, où tu es venu m'installer, où je dispose d'une des plus riches bibliothèques de l'Europe, je suis déja parvenu à courber des heures entières mon attention sur cet amas de livres que je suis obligé de consulter pour établir les bases de mon travail. Ce n'est point pour la gloire dont je suis désenchanté, ce n'est point pour l'avenir auquel je renonce, que je me donne une tâche à remplir sur la terre; c'est pour justifier, à mes propres yeux, le scepticisme où je me réfugie; c'est pour échapper, aussi long-temps qu'il me sera possible, à la conviction qui me presse d'une aveugle fatalité à laquelle le monde est soumis, et dont je suis un des plus déplorables exemples. Si je voulais flatter les hommes, je ne serais pas embarrassé de les séduire par des paradoxes, et je trouverais aussi facilement qu'un autre à opposer des sophismes consolateurs à des raisons désespérantes; mais dans la sévère impartialité de mes jugements, sans acception d'intérêt, de vœux, et de desirs, je cherche la vérité, au risque de la maudire après l'avoir trouvée.

De l'homme et de sa véritable destination. Ce titre t'indique clairement le but et la première pensée de mon ouvrage : à moins de retomber dans cette théorie du hasard, que tu repousses peut-être avec plus d'amertume que de réflexion, on doit reconnaître que l'être qui se qualifie lui-même de raisonnable, a été jeté sur ce globe dans une vue quelconque, pour remplir certains devoirs et arriver à certaine fin.

J'admets ce principe dans toute sa rigueur, et pour arriver à la solution du problème qu'il me présente, j'interroge toutes les classes de la société.

Quelle incohérence dans les réponses! Je m'adresse à ce prêtre: « La destination de l'homme est d'être moine, et le monde est une confrérie de capucins. — Commentez Ulpien, me dit un autre homme en robe; l'étude de la jurisprudence est le plus noble emploi de la vie. » A entendre ce poète, ce peintre, ce musicien, nous ne sommes ici-bas que pour arranger des mots, imiter des formes, ou combiner des sons. Ainsi, la faiblesse de nos intelligences s'agite péniblement dans l'atmosphère épaisse des préjugés, où elles s'enfoncent de tout le poids d'une stupidité héréditaire, et nous mourons de fatigue, comme l'écureuil dans sa cage, après avoir long-temps couru sans avancer d'un pas.

Quel est, en dernière analyse, le résultat de cet amas indigeste de lois, d'institutions qui régissent les sociétés humaines? Et quelle destination morale peut-on supposer à ces troupeaux d'esclaves, couverts de haillons ou d'oripeaux, et gouvernés d'un bout de la terre à l'autre par la peur du bâton, du glaive, ou du lacet? En tout pays la tyrannie des princes, l'insolente bassesse des grands, la servilité des peuples, le mépris de l'humanité, la perversion des droits et des devoirs est si complète, si évidente, que le moraliste qui croirait pouvoir en prédire le terme, ou seulement en prévenir les derniers effets, passerait avec raison pour un insensé.

Dis-moi, mon ami, qui pourrait contempler sans effroi cet immense champ que l'on appelle le monde, où quelques vautours planent sur leurs proies saignantes, dont ils se partagent les lambeaux? Par-tout la vertu sans asile, la vérité sans organe, la faiblesse sans appui, tendant la gorge au crime tout-puissant; par-tout le vice honoré, l'erreur en crédit, la force opprimant la justice.

Je le dis à regret, mais avec conviction, cette immoralité profonde est plus encore dans les institutions sociales que dans le caractère générique de notre espèce. Ce sont elles, en tout pays, qui prescrivent l'obéissance absolue aux volontés d'un despote imbécile ou sanguinaire; ce sont elles qui autorisent la vénalité, qui consacrent le parjure, qui étouffent dans le cœur de l'homme le sentiment de la pitié, seul don de la nature où l'on reconnaisse en lui l'empreinte d'une main divine.

L'homme paraît être porté au bien par les qualités de son ame, aux grandes pensées par la force de son esprit; mais en naissant il tombe sous le pouvoir d'un mauvais génie, fondateur des sociétés, qui se plaît à détruire, à corrompre l'œuvre d'un principe meilleur. L'homme est né bon, mais la société où il est destiné à vivre roule dans un cercle d'esclavage, de vices, et de souffrances, où il se dénature et se pervertit. Voilà tout mon livre.

P. S. Je n'ai pas encore de nouvelles des Pyrénées; c'est de toi seul que j'en puis attendre, et tu
sais tout ce que je donnerais pour un mot, un seul
mot....

LETTRE LXVIII.

CHARLES A ANATOLE.

Champfleuri, 1786.

Je ferai aussi bien, je crois, de commencer ma lettre par le *post-scriptum :* lis donc vite, bien vite la lettre que renferme la mienne; relis-la une seconde, une troisième fois; dévore ce papier des yeux, couvre-le de baisers et de larmes...

Maintenant que ton front s'est éclairci, que ta poitrine s'est dilatée, et qu'un plus grand docteur que moi a porté le calme dans tes sens et dans ta pensée, je puis discuter un moment avec toi sur de tristes théories qui n'ont pas même le mérite de la nouveauté, comme il me sera facile de t'en convaincre par cette citation d'un philosophe de l'antiquité, à qui Diderot seul a rendu justice :

« Le sage, dit Sénèque, trouve par-tout des motifs de se courroucer. Va-t-il au Forum le matin, il s'y rencontre avec des milliers d'hommes qui vont y porter des causes honteuses, lesquelles seront soutenues par des avocats plus vils encore que leurs clients. L'un s'élève contre le testament de son père, au risque de prouver qu'il est indigne d'y être inscrit ; l'autre diffame sa mère ; celui-là dénonce un crime qu'il a commis : ce juge, qui prononce sur une accusation de péculat, est plus coupable que ceux qu'il condamne ; la plus mauvaise cause est gagnée, grace à l'éloquence du plaideur. Il y a autant de vices que d'hommes sur la terre. Vous réputez sages ceux qui portent la toge : détrompez-vous, chacun d'eux vit pour soi, et cherche son intérêt aux dépens d'autrui. L'heureux est un objet d'envie ; le puissant un objet de crainte ; l'infortuné un objet de mépris. Le monde n'est qu'un immense cirque, où des animaux féroces, se disant raisonnables, s'observent, se trompent, et se déchirent. Que dirai-je de nos guerres civiles, où les frères égorgent leurs frères ; où l'on voit des familles divisées par les factions ; des villes romaines incendiées par leurs propres citoyens ; des proscrits réfugiés dans des cavernes ; du poison jeté dans les fontaines publiques ? Citerai-je tant de tyrannies épouvantables, tant de morts, tant de ruines méditées dans le secret des conseils des princes ; tous les genres d'horreurs, de cruautés, de débauches, devenus des titres de gloire et de triomphe ? »

Mais après cette longue énumération de crimes et de folies, sais-tu, mon cher Anatole, ce qu'ajoute notre philosophe? « Si le sage l'est assez peu pour se mettre en courroux contre tout ce qui blesse sa raison, où s'arrêtera sa colère? Dans la fureur? dans le délire? non; il est injuste, dangereux, il est inutile de se fâcher contre des maux inévitables. Héraclite, pleurant sans cesse sur les vices des hommes, en était le plus malheureux et le plus fou. Le vrai philosophe accepte sans murmure les conditions inévitables de l'existence : pour lui les hommes sont des malades qu'il traite avec douceur ; il étudie leurs maux, et cherche à les soulager, ne pouvant les guérir. »

Pardon, mon ami, si j'ai mis en avant le vieux Sénèque pour me dispenser de répondre plus directement à tes arguments, qui ne sont après tout que des passions; et à tes sentiments, que tu prends pour des idées.

Qui! moi? que je soutienne, dans toutes les règles de l'école, une thèse sur le manichéisme? Non ferai-je, en vérité, du moins aussi long-temps qu'*elle* sera loin de toi : il est vrai que, lorsqu'elle sera de retour, cette doctrine de la domination d'un principe pervers se trouvera tout naturellement réfutée dans ton cœur. Mais Oromaze, à son tour, triomphera trop facilement d'Arimane; et tu me soutiendras alors que tout est *au mieux*, dans le même monde où tu crois aujourd'hui que tout marche à la diable. C'est à toi particulièrement que Montaigne a dit : *A qui il pleut sur la tête, l'univers semble en orage.* L'absolutisme, Anatole, a toujours été le partage de ces esprits *excessifs* (je ne trouve pas d'autre mot pour rendre mon idée) qui portent dans leurs rêveries systématiques toute la fureur de leurs passions forcenées. Que le vice et le malheur occupent une grande place dans ce monde, c'est une vérité de fait, qui n'est susceptible d'aucune controverse sérieuse ; mais que le mal règne souverainement, que son culte soit la base de toute société humaine, c'est ce qu'on ne peut soutenir que dans un accès de fièvre chaude.

Cependant, si je dépouille un moment ta pensée de tout ce qu'elle a de personnel, je vois que le temps où nous vivons est moins propre que tout autre à en favoriser le développement. Toujours des plaintes, mon ami : quoi ! le siècle où nous vivons n'a-t-il pas ses qualités, ses vertus, et sa gloire ?

Tu le sais, toutes les puissances ont leurs courtisans et leurs ennemis ; un siècle est aussi une puissance. Tandis que les éloges outrés et les censures amères éclatent de toutes parts, je me retire, comme Montaigne, *hors de la presse*, et je change ma qualité de contemporain contre celle d'observateur impartial : je me fais homme de postérité ; j'essaie d'exercer sur les mœurs de mon temps une justice semblable à la terrible équité de l'avenir, et je m'efforce d'échapper aux influences qui m'environnent: pour me consoler du mal qui se fait, je vois le bien qui se prépare, et je jouis d'avance de l'ombrage de l'arbre que je vois planter.

Comment n'es-tu pas frappé, mon ami, de cette tendance universelle qui nous emporte hors de l'orbite politique, où la force d'inertie nous retient depuis si long-temps?

La révolution des idées est faite; elle entraîne nécessairement celle des choses, et nous sommes assez jeunes l'un et l'autre pour la voir s'accomplir.

Il y a dans le cœur de la société un principe d'irritation, un ferment intérieur qui se révèle, comme les tremblements de terre, par je ne sais quelles chaudes exhalaisons qui chargent insensiblement l'atmosphère, qu'elles finiront par embraser. Ou toutes mes observations me trompent, Anatole, ou nous touchons à une crise terrible dont j'oserais presque annoncer les résultats.... Cette civilisation dont nous sommes si fiers tient encore à la barbarie par des racines bien profondes; mais n'avons-nous pas vu récemment ce peuple américain, que l'on croyait sans ressources pour la gloire et pour la liberté, arborer à son berceau l'étendard de l'indépendance, et prendre, après cinq ans de combats, le premier rang parmi les nations du globe, si la liberté, la richesse, et le bonheur, règlent entre elles le droit de prééminence?

LETTRE LXVIII.

Mon ami, crois-moi, le jour approche; un grand enfantement se prépare; les idées, les observations, l'expérience des siècles ne se sont pas accumulées en vain; grace à l'imprimerie, les malheurs, les fautes, les exemples de nos pères, n'auront point été perdus pour leurs enfants; la force des préjugés, l'orgueil des priviléges doit céder à cette puissance; elle est irrésistible, elle est vivante : encore quelques années et Ninive sera détruite. Mais comme le monde, bouleversé par le déluge, dut renaître fécondé par le limon que les eaux déposèrent à sa surface, j'oserais prédire aussi que l'Europe se relèvera plus belle, plus jeune, de cette catastrophe, dont Voltaire, Rousseau, et Montesquieu ont découvert avant moi les premiers symptômes. Pourquoi faut-il que nulle amélioration sociale ne puisse se faire qu'aux dépens des générations qui l'entreprennent? Anatole, nous ne nous reposerons pas sous le feuillage de l'arbre que nos pères ont planté; peut-être même notre sang arrosera-t-il ses racines; mais nos neveux en recueilleront les fruits, et cela même est un bien dont je puis au besoin *m'escompter* la jouissance. Tu te récries sur le marivaudage de cette expression, et tu remarques très judicieusement que La Fontaine a dit la même chose en beaucoup meilleurs termes.

L'affaire est conclue en mon nom; je suis, ou

plutôt nous sommes possesseurs, depuis hier, du château des *Bruyères*.

Nous y avions été passer deux jours, la semaine dernière, avec M. d'Amercour et sa fille : Pauline m'a fait les honneurs du *donjon* paternel avec une grace infinie, et nous avons été ensemble rendre visite à la nourrice de Cécile, dont la petite ferme dépend, comme tu le sais, du domaine dont te voilà seigneur suzerain, moyennant quatre-vingt mille francs. M. d'Amercour est dans la joie de son ame d'avoir enfin trouvé un acquéreur pour ce petit royaume des Bruyères, où il n'avait pas mis le pied depuis dix ans. Tu pourras faire du manichéisme tout à ton aise, si le cœur t'en dit encore, quand tu viendras l'habiter : je défie tous les Prévôt, tous les Baculard du monde, d'imaginer quelque chose de plus romantique que ce vieux castel, bâti du temps de Louis XI pour le moins, au milieu d'un étang où des milliers de grenouilles ont élu leur domicile, et dans un pays où tous les sangliers de la terre se sont, je crois, donné rendez-vous. N'importe; *hoc erat in votis....*

Cette acquisition m'a presque allié à la famille de M. d'Amercour, et me met en communication journalière avec celle de Beauvoir. J'ai un prétexte naturel pour me fixer dans ce pays, en attendant que madame de Neuville m'en fournisse un meilleur. Surcroît d'agrément et de convenance! la nourrice m'a appris confidentiellement qu'il revenait des esprits au château des *Bruyères;* j'espère bien que nous ne leur ferons pas peur.

Adieu, je vais demain à Blois pour y passer notre contrat.

P. S. Tu me diras quelque jour pourquoi ce vieux château a tant de charmes pour toi. C'est une confidence que tu ne m'as pas encore faite.

LETTRE LXIX.

CÉCILE A PAULINE.

Barèges, 1787.

Qui l'eût dit, Pauline, il y a trois ans, lorsque, assises sur le pied de mon lit dans le dortoir de Laguiche, nous nous promettions avec tant d'assurance de ne jamais nous séparer, que je dusse sitôt manquer à notre parole!.... Mon corps est bien malade, mon ame est bien triste, Pauline; mais peut-être la douleur la plus vive que j'éprouve naît-elle de l'impossibilité de m'en entretenir avec toi.... Pourquoi t'affliger? tu connais le fond de mon cœur, et je n'ai plus rien à t'apprendre....

J'ai traversé bien des pays pour arriver dans la solitude sauvage que j'habite près de Barèges, avec ma tante, la meilleure, la plus aimable et la plus indulgente des femmes. Si tu savais, Pauline, tout ce que je lui dois d'amour et de reconnaissance!.... Vivrai-je assez pour m'acquitter? Les eaux de Barèges sont beaucoup moins à la mode cette année que celles de Bagnères; tous les malades comme il faut se sont portés sur ce dernier point, et cette raison n'a pas peu contribué à nous fixer à Baréges. Nous y sommes presque seules, ou du moins le petit nombre de personnes qui s'y trouvent paraissent décidées à vivre ainsi que nous dans la retraite la plus profonde. Nous n'avons fait ni reçu aucune des visites d'usage; et comme dans nos promenades nous cherchons toujours les lieux les moins fréquentés, il est exact de dire que depuis cinq jours que nous sommes ici, je n'ai pas encore entrevu un seul des étrangers qui habitent avec nous ce vaste souterrain.

Depuis que je suis au pied des Pyrénées, j'ai découvert que la nature, en me faisant naître dans un pays de plaine, avait trompé ma destination. Combien je me plais au sein de ces montagnes, sur le penchant de ces abymes, dans la profondeur de ces vallées, dont l'image éloignée m'aurait autrefois glacée d'épouvante! Pourquoi cette contradiction entre mes penchants et mon caractère, entre mes goûts et mes habitudes? Je pleure, je rougis, Pauline, et j'entends ta réponse....

Cette lettre, ma bien chère amie, est la seule que tu recevras de moi pendant mon absence. Le silence auquel je me condamne ne te surprendra pas; les tendres épanchements de l'enfance ont aussi leur mystère, et je sais que mes lettres ne sauraient te parvenir sans passer sous des regards étrangers; peut-être même n'est-il pas sûr que celle-ci leur échappe. Aussi chaque ligne porte-t-elle l'empreinte de la crainte qui me préoccupe. Adieu, Pauline. Ton amitié faisait autrefois le charme de ma vie, elle en est aujourd'hui la consolation.

LETTRE LXX.

ANATOLE A CÉCILE.

Orléans, 1787.

Ah! Cécile, comment te peindre mon bonheur, mon ivresse, en recevant ta première lettre des Pyrénées? j'en avais tant besoin!..... c'est hâter un doux moment que de s'en occuper. Quelque empressé que je fusse de l'ouvrir, je ne me sentais pas assez fort pour augmenter l'émotion qui s'était emparée de moi. Je tins quelques moments mes yeux attachés sur l'adresse; j'en baisai l'un après l'autre les caractères : pour rien au monde je n'aurais voulu rompre le cachet où sont gravées les cinq lettres A. T. P. L. V. dont seuls nous avons le secret : avec quel soin j'ai détaché cette adorable empreinte!

Enfin je te lis, je t'entends, je te vois.... Si je pouvais douter qu'une même étoile présidât à notre destinée, une circonstance de ton voyage, dont tu me rends compte à la fin de ta lettre, suffirait pour m'en convaincre. Pourrais-tu croire, Cécile, que ce soit le hasard qui t'ait conduite à Baréges dans la même maison où je me trouvai avec ma mère il y a aujourd'hui même dix ans? Je vois ta surprise.... interroge ma sœur, elle se rappellera ce voyage de Baréges où j'accompagnai ma mère, et à la suite duquel je m'embarquai pour l'Amérique.... Hélas! je ne devais plus la revoir!.... Oui, Cécile, nous logions au pied du pic de Saint-Justin, dans la maison d'un gardien de la ville; un perron de cinq ou six marches, trois croisées de face, un balcon de pierre, une petite terrasse entourée d'une balustrade en bois; c'est bien cela, n'est-il pas vrai? Je parierais que tu occupes ma chambre, celle qui donne sur le Gave; regarde bien : si la même maison subsiste encore, tu trouveras sur le morceau de verre étamé, qu'on appelle une glace, au-dessus de la cheminée en marbre rayé du pays, ces mots que je me souviens d'y avoir gravés avec une épingle à tête de diamant : *Anatole et sa mère* (juillet 1776).

Conçois-tu mon bonheur de pouvoir à tout moment me transporter auprès de toi par la pensée; de te suivre à chaque pas dans les lieux qui me sont connus?

Il est onze heures du soir : tu sors de la chambre d'Émilie pour entrer dans la tienne; tu t'assieds à un petit secrétaire au pied du lit; il doit y être encore, car il n'y a pas dans *notre* chambre une autre place pour ce meuble; tu relis ma dernière lettre, les larmes roulent dans tes yeux ; tu ne distingues plus les caractères; qu'importe ? chaque ligne n'exprime-t-elle pas la même pensée? Je t'aime, je t'adore, je meurs de ton absence....

J'ai suivi les conseils de Charles et les tiens, mon bon ange; j'ai mis, entre cet odieux comte de Montford et moi, assez de distance pour ne pas craindre de le rencontrer; la seule pensée de cet homme fait bouillonner mon sang. Non, la terre ne nous portera pas long-temps tous les deux....

Après avoir écrit à ta mère que j'allais faire un voyage à Paris pour y terminer les affaires de madame de Neuville, j'ai été me claquemurer à Orléans chez mon vieux professeur de philosophie : Charles m'annonce que je n'y ferai pas un long séjour. Où vais-je ? c'est un secret que t'apprendra la date de ma première lettre; qu'il te suffise de savoir aujourd'hui, ma Cécile, que le même Dieu qui nous rassemble à Baréges, nous réunit plus délicieusement encore dans la solitude où je vais avec toi attendre ton retour. Ton retour!.... ma bien-aimée, te sentir, là.... sur mon cœur, crois-tu qu'on ne meurt pas de joie?.... Il y a des moments où j'ai peur que ma raison ne s'éteigne, où ma pensée, mes sens, tout moi se révolte contre la triste réalité qui m'assiége; je ne puis croire à ton éloignement, Cécile; il est impossible qu'on nous ait séparés, puisque tu vis, puisque je respire; non, tu ne m'as pas quitté, tu vas venir, je t'attends; et chaque pulsation de mon cœur est une volupté.... Mais bientôt l'illusion se dissipe, et mon fantôme adoré s'évanouit. Hélas! on est éveillé quand on raconte son rêve....

Tu ne me parles pas de ta santé, et je n'ose t'en parler moi-même: quel est donc ce sentiment dénaturé qui me ferme la bouche! Adieu, moitié de ma vie; je mens, Cécile, ma vie est en toi tout entière, et pour en retrouver l'étincelle, je me réfugie dans ton propre cœur.

Ma sœur verra ma lettre, et n'y trouvera pas un seul mot pour elle; mais elle jettera les yeux sur toi, et toute mon ame lui sera révélée: elle saura de quelle admiration, de quelle amitié, de quelle reconnaissance je paie ses bienfaits.

LETTRE LXXI.

ANATOLE A CHARLES.

Orléans, 1787.

Je ne le nie point, Charles, *sa* lettre et quelques lignes de la tienne ont eu plus d'influence sur les variations de ma pensée que tous les arguments de Sénèque et de la raison : mais ne puis-je pas y trouver une preuve de plus de la triste condition des hommes? Qu'est-ce, après tout, que cette raison soumise elle-même à tous les caprices des passions qu'elle condamne?

Je sens, ou du moins je crois sentir en ce moment que les hommes ne sont pas aussi méchants que je le disais ; mais sont-ils moins malheureux? Nés pour connaître la vertu, pour l'aimer, pour la suivre, un instinct fatal les pousse sans cesse à s'armer contre elle. Toujours en lutte avec eux-mêmes et en contradiction avec leur conscience, trompés dans leurs vœux innocents, fatigués de leurs desirs coupables, désabusés de toutes leurs espérances, imagine, si tu peux, dans les enfers qu'ont inventés les hommes, un supplice comparable à celui de l'existence humaine.

Quelle est, quelle peut être l'intention d'une intelligence supposée bonne, toute-puissante, éternelle, et qui condamne des millions de générations à l'inconcevable torture de l'existence telle que Dieu l'a faite? Ne vois-tu pas que la dissonance des principes et des actions, des obligations et des devoirs, des vérités et des croyances, est par-tout établie; qu'en tous temps, en tous lieux, la plainte est le plus large tribut que le ciel obtienne de nous et la part la plus sincère de notre dévotion?

Tout ce que je puis faire pour toi et pour Sénèque, qui est à cet égard beaucoup moins exigeant que toi, c'est de reconnaître dans l'homme un principe, si tu veux même, un instinct moral, qui lui indique ce qui est bon, qui l'avertit de ce qui est bien, et dont il peut se servir comme d'une pierre de touche pour apprécier ses actions après qu'elles sont commises; c'est un flambeau qui s'allume par l'effet même de sa chute, et qui ne lui rend d'autre service que de lui en montrer la profondeur. N'est-il pas évident que la raison n'a été donnée à l'homme que pour lui faire sentir le malheur de sa condition?

LETTRE LXXI.

Penses-tu qu'il doive être bien satisfait de ce privilége qu'il a sur la brute, et qui ne consiste qu'à prévoir des maux inévitables? et ne vaut-il pas mieux, dis-moi, douter de la Providence, que de la rendre responsable de toutes les erreurs, de toutes les extravagances de la nature?

« Pourquoi, me diras-tu avec Montaigne, reprocher à la nature le malheur de notre position, lorsqu'elle nous offre à toute heure, en tout lieu, le moyen de nous y soustraire? Tu souffres, ajoute-t-il, ne t'en prends qu'à ta lâcheté; pour mourir, il ne faut que vouloir. » Ainsi, pour prouver que la vie est un bien, on se contente d'observer que les hommes ont peur de la mort; c'est prouver tout au plus que la mort est aussi un mal, et que l'espérance qui nous enchaîne à la vie est le plus funeste présent que la nature ait fait à l'homme, puisqu'elle l'empêche de mourir.

Me vantera-t-on la bonté d'un Créateur qui mêla de quelques instants de plaisir ces longues années de douleurs auxquelles il nous condamne? J'aimerais autant qu'on me fît l'éloge de ce tyran cruel qui faisait avaler quelques gouttes de liqueur spiritueuse à sa victime, pour l'empêcher de s'évanouir dans les tortures.

Le Créateur de cet aimable monde a doué l'homme, dans son inépuisable bonté, de mille fois plus de maux que n'en connaissent toutes les espèces d'animaux prises ensemble; et, pour comble de bienfaits, il lui a fait cadeau de la prévoyance, qui les lui fait craindre alors qu'ils n'existent pas; de l'imagination, qui les augmente quand ils existent, et du souvenir, qui les lui retrace quand ils ne sont plus. Grace soit rendue à ta Providence!

Te charges-tu de m'expliquer cette énigme? Des êtres sensibles, raisonnables, sont réunis dans un enclos, comme des moutons dans un parc; ils y sont en proie à toutes les privations, à toutes les inquiétudes, à toutes les souffrances: la porte est ouverte, et personne ne sort.

Je passe en revue les sophismes au moyen desquels on essaie, depuis quarante siècles, de nous réconcilier avec l'existence. « On est heureux quand on croit l'être. » Que signifie cet aphorisme si souvent répété? Veut-on dire qu'on est heureux quand on est heureux? C'est une niaiserie digne de M. de La Palisse. Entend-on que notre bonheur dépend de notre volonté? C'est une absurdité. Dépend-il de ce misérable qu'un ulcère dévore, dont on scie les membres gangrenés, de se faire une jouissance de ses affreuses douleurs? Dépend-il de l'homme sensible et vertueux de rester indifférent à la trahison d'un ami, à la perfidie d'une maîtresse, à l'ingratitude de ses enfants? Non; ma volonté n'a d'influence ni sur mes sensations ni sur mes sentiments, et tous les efforts de la philosophie ne parviendront jamais à détruire des maux qu'elle m'apprendra tout au plus à supporter.

Si tu ne veux pas convenir que le gouvernement de notre misérable planète est tombé aux mains d'Arimane, tu avoueras du moins que ton Oromaze a le sommeil bien dur, ou qu'il abandonne au hasard le soin d'un monde qui tient trop peu de place dans la création pour être digne de sa surveillance. *Magna Dii curant, parva negligunt*, disait le stoïcien Balbus; dans mes jours d'indulgence, je suis de son avis.

Il ne tiendrait qu'à moi d'être aujourd'hui tout-à-fait du tien. Je suis si heureux de l'acquisition que tu viens de faire, et de l'asile que tu me donnes au château des Bruyères; la lettre de Cécile m'a fait tant de bien, que je veux prendre pour réel et durable le calme enchanté dont je jouis, et qu'un moment de réflexion ferait disparaître. Chez moi, le cœur ramène toujours la pensée à sa dépendance; c'est dans cet esprit que je me remets au travail, et que je commence un chapitre sur les *compensations*, où je prends ces mots pour épigraphe : « Il est des moments qui peuvent avoir le prix d'un siècle, comme une pierre précieuse peut renfermer, sous un très petit volume, la valeur d'un royaume. »

Je ne manquerai pas de placer comme mémoire, dans ce chapitre, ta prédiction du grand enfantement qui se prépare, et d'où naîtra une France nouvelle, libre du joug des préjugés et des privilèges, où régneront fraternellement la liberté, la gloire, et la justice; je dirai, si tu veux, que cette terre régénérée sera habitée par un peuple de héros et de sages, heureux sous l'empire des lois qu'ils se seront données à eux-mêmes, et qu'il ne sera permis à aucun citoyen, tout puissant qu'il soit, d'enfreindre impunément; je dirai toutes ces belles choses, Charles, mais je te rendrai responsable de l'événement.

LETTRE LXXII.

CHARLES A ANATOLE.

Champfleury, 1787.

Voilà donc tout ce que tu peux faire pour nous! L'effort est magnanime, en vérité; je ne te conseille cependant pas de faire sonner si haut ta conversion; Cécile n'en serait pas satisfaite, je t'en préviens. De manichéen tu te fais athée; j'aimerais encore mieux te voir élever des autels au diable, que de t'entendre soutenir cette déplorable doctrine du hasard qui gouverne et conserve l'œuvre de l'intelligence. Hâte-toi, mon ami, d'abandonner un système aride, au fond duquel tu ne saurais jamais trouver qu'erreurs, inconséquences, et néant. Que signifient ces plaintes éternelles contre la Providence, que l'on accuse et que l'on nie tout à-la-fois, sinon l'orgueil de ces ames vagabondes, si j'ose parler ainsi, qui, se trouvant à l'étroit dans les bornes de l'humanité, essaient en vain d'en franchir les limites, et demandent à l'auteur de toutes choses un secret qu'il ne saurait leur révéler sans les faire participer à sa propre essence?

L'homme est l'instrument de ses propres misères; doué de tant de moyens de jouissance, par quelle injustice accuse-t-il la Providence de la liberté qu'elle lui laisse de faire servir à son supplice l'instinct de conservation dont elle l'a pourvu? N'a-t-il pas, comme moyens de bonheur, la raison, la prévoyance, la mémoire? N'a-t-il pas la liberté de choisir? Tous les éléments de sa félicité sont à sa disposition; s'il les emploie sans règle, sans mesure, sans proportion, s'il tarit en quelques jours une source de richesses qui devait suffire à ses besoins d'un siécle, qu'il ne s'en prenne qu'à lui des maux qu'il se fait et dont le ciel avait voulu le garantir.

Mon cher Anatole, en fait de passions, l'homme très sage et l'homme très fou en sont pour l'ordinaire exempts : c'est dans la moyenne région que se forment les orages. Tu avais tout juste ce qu'il faut de raison et de folie pour vivre au milieu des tempêtes, et jusqu'ici tu n'as pas manqué à ta destinée. Mais une nouvelle carrière s'ouvre devant toi : instruit par le naufrage, éclairé par l'expérience, tu te crois en droit d'instruire les hommes et de leur faire connaître leur véritable destination. Pour commencer une pareille tâche, peut-être aurait-il été prudent d'attendre que ton cœur, plus calme, fût plus désintéressé dans cette grande question; n'importe, tu as l'esprit juste, tes arguments sont irrésistible, et c'est pour n'être pas forcé d'en admettre les consséquences, que je commence par nier le principe destructeur sur lequel tu prétends les appuyer.

La Providence est le nom de baptême du hasard: cette boutade philosophique, ou plutôt anti-philosophique d'une femme de beaucoup d'esprit, réduit à son expression la plus simple la proposition dont tu fais la base de ton système. Ainsi, mon ami, tu t'obstinerais à ne pas voir que tout s'enchaîne dans la nature comme dans un bon raisonnement, que ce qui arrive est une conséquence nécessaire de ce qui est arrivé, et le résultat infaillible d'un accord inviolable, dont la cause première est évidemment une intelligence suprême, unique et bienfaisante.

Pour peu que tu sois content de la prochaine lettre des Pyrénées, je m'attends, de ta part, à une concession nouvelle, que je n'accepterai pas, je dois t'en prévenir. Tu conviendras qu'il existe une Providence générale; mais tu soutiendras encore qu'elle ne s'étend pas aux individus. A ce sujet, je ne te ferai pas le reproche que Calchidias adressait à Aristote, de croire que la Providence ne s'étendait pas au-dessous de la lune, car tu sais fort bien que la lune, par rapport à la terre, n'a ni dessus ni dessous, et qu'il serait par trop ridicule de supposer que la force expansive de la Providence vînt expirer à quatre-vingt-trois mille lieues de notre chétive planète. Je te prêterai une objection plus raisonnable : il y a du mal sur la terre ; ce mal ne peut être l'ouvrage de la Providence : donc la providence, qui a la direction générale de l'univers, ne s'occupe pas des choses humaines. Tu peux presser cette objection des épicuriens de toute la force de Lucrèce ; me montrer les rochers inaccessibles, les déserts sauvages, les poisons, les débordements, les tempêtes, les monstres des forêts et des villes, je te répondrai, avec Bayle et Voltaire, que Dieu a établi dans l'univers des lois générales, suivant lesquelles toutes les choses particulières, sans aucune exception, ont leur usage propre, et qu'il ne conviendrait ni à sa justice ni à sa providence de déroger à ces règles générales par de perpétuelles exceptions. L'*Essai sur l'homme*, de Pope, n'est que le développement de cette vérité fondamentale, dont le plus simple examen conduit à reconnaître :

« Un Dieu sage, dont l'immuable volonté est un immuable attachement à l'ordre dont il est l'auteur ;

« Un Dieu bon, qui a doté ses créatures de tous les biens particuliers qui se concilient avec le bien-être universel ;

« Un Dieu juste, qui rémunère et punit, dans un autre ordre de choses, les actions qu'il est forcé de laisser, dans celui-ci, sans punition ou sans récompense ;

« En un mot, un Dieu dont la toute-puissance ne s'arrête qu'à l'absurde, c'est-à-dire à l'impossibilité de faire le mal qui répugne à son essence. »

Tel est, mon ami, le Dieu que la raison et la conscience du genre humain proclament d'un bout du monde à l'autre; tel est le Dieu qu'*il faudrait inventer s'il n'existait pas*. Je t'ai si souvent entendu confesser cette doctrine dans nos entretiens particuliers, que tu ne pourrais, sans crime, y renoncer dans un ouvrage dogmatique auquel le prestige d'un beau talent et d'un esprit supérieur peut donner une haute influence.

Je sais combien les philosophes anciens, les pères de la nouvelle Église et quelques philosophes modernes, ont entassé d'arguments, de déclamations et de sophismes, pour obscurcir et dénaturer, en l'analysant, cette question du mal physique, du mal moral et de la mort, entrant comme éléments indispensables dans l'œuvre de Dieu; je ne dispute point avec les docteurs, j'interroge la nature et la raison, et je demande : Que deviendrait le monde sans le mélange des biens et des maux? Que serait la vertu sans le contraste du vice? Sans la conscience du juste et de l'injuste, Caton, Barnevelt, Malesherbes ne seraient-ils pas au même rang dans l'estime des hommes, que Séjan, Jeffries et Laubardemont? Sans la mort que serait la vie? Réponds à ces questions, mon cher Anatole, dans le silence des passions, dont tu prends trop souvent conseil, et tu sentiras le besoin de reposer ta pensée sur le principe fécond d'une Providence éternelle.

Ce principe adopté, j'abandonne sans inquiétude à la justesse de ton esprit, à l'élévation de ton ame, et même aux écarts de ta brillante imagination, l'exécution d'un monument philosophique dont je n'ambitionne que l'honneur d'avoir posé la première pierre.

Assez de philosophie pour cette fois, et descendons à l'ignoble tracas des affaires terrestres. Je n'alongerai ma lettre que de quelques lignes : le contrat est signé; nous sommes propriétaires du plus gothique manoir de France, et j'irai te chercher vendredi soir pour t'installer aux *Bruyères*, d'où je t'écris au milieu des ouvriers que j'ai amenés de Blois, ne fût-ce que pour nettoyer une ruche de chauve-souris dont tu ne manqueras pas de vouloir faire ta chambre à coucher, car c'est le seul point du château d'où l'on aperçoive la ferme.

Je ne te dis rien des habitants de Champfleury, sinon qu'Albert, au grand regret de Pauline, est parti pour Brest, où il va passer l'examen de M. Bezout; rien des habitants de Beauvoir, sinon que les conférences entre le comte de Montford et ton beaufrère se continuent, et qu'il est question d'une course qu'ils doivent faire ensemble à Chanteloup, et à laquelle je suppose un but particulier. Je te communiquerai mes soupçons. Je ne suis pas content de la santé de madame de Clénord; et son médecin traite trop légèrement l'affection hépatique dont je la crois atteinte.

LETTRE LXXIII.

CÉCILE A ANATOLE.

Baréges, 1787.

Je les ai lus!... ils y sont encore : *Anatole et sa mère;* mais le prodige n'eût pas été complet; au-dessous de la même main, de cette main dont je reconnaîtrais la trace la plus légère imprimée sur le sable; 14 *juillet* 1776.... Et c'est dans ce même lieu, dans ce même mois, à ce même jour, que dix ans après.... Je tombe à genoux, je jette un cri, ma tante accourt.... et je n'ai que la force, en lui montrant du doigt l'inscription, de répéter, en fondant en larmes : *Anatole et sa mère....*

Ah! mon ami, comment te peindre mon ravissement à la vue de ces caractères chéris! Mon cœur s'est rempli d'espoir, comme s'il y avait pour moi de l'espoir au monde!.... Quelle réflexion dans un pareil moment! que je suis ingrate, Anatole! Et comment puis-je me plaindre d'une existence que je ne consentirais à changer pour aucune autre sur la terre! Mes idées s'étaient perdues dans l'immensité de ma douleur. Après un accablement extrême, n'est-ce pas renaître à l'espérance, au bonheur même, que de distinguer ce que je souffre, et pour qui je souffre?

Ne me gronde pas, mon ami, des idées incohérentes auxquelles je m'abandonne sans réflexion; elles naissent du combat perpétuel de mon cœur et de ma raison: songe que je veille dans les regrets, que je m'endors sur mes larmes. Nous nous reverrons, Anatole; nous ne nous séparerons plus, jamais, n'est-ce pas?.... Ah! si je puis vivre jusqu'à ce moment, si je peux te revoir, il me semble que mes yeux ne pourront plus se détacher de dessus toi; mon dieu, que je t'aime!.... et tu n'es plus là!.... et moi, où suis-je?....

J'avais passé les premiers jours depuis mon arrivée à cette petite fenêtre que vous connaissez, et dont la vue commande un paysage borné, mais borné par les Pyrénées. Je ne pleurais plus, je ne souffrais plus, j'assistais à la dissolution de mon être. Votre première lettre, en réveillant mes douleurs, m'a rendue à la nature. Je me suis reproché, comme un acte d'égoisme, l'indifférence avec laquelle je me sentais mourir. Une voix inconnue s'éleva dans mon sein, et me demanda compte de cette vie qui n'appartient plus à toi seul. Je sortis tout-à-coup de cet affreux engourdissement, et je promis à ma tante de reconnaître ses tendres soins, son adorable bonté, en sortant de cette inaction profonde, de ce silence perpétuel où j'étais ensevelie.

Madame de Neuville n'a point tardé à mettre mon obéissance à l'épreuve; elle a exigé que je parusse à *l'assemblée* où se réunissent matin et soir les personnages de la classe opulente, qui se trouvent à Baréges en beaucoup plus grand nombre que je ne l'avais cru d'abord. Comme elle avait pris la précaution de s'assurer que nous n'étions connues de personne, mon refus n'aurait pas eu d'excuse raisonnable; je me laissai conduire.

Ne dois-je pas craindre, mon ami, de vous donner de moi une idée bien singulière, en vous avouant que cette visite a fait un moment diversion à mes chagrins? Si je vous cachais une seule de mes pensées, un seul des mouvements de mon esprit, j'éprouverais quelque difficulté à vous faire l'aveu que je n'ai pas été tout-à-fait insensible au murmure d'approbation qui s'est élevé dans la salle de réunion au moment où nous y avons paru; voilà ma faute, mais voici mon excuse: le plaisir que j'éprouvais à m'entendre louer avait sa source dans le besoin que j'ai d'être aimée d'Anatole, et de justifier son choix à mes propres yeux. Cette bienveillance sans doute entendu parler. Cette dame, déja avancée en âge, a pris ma tante dans une véritable affection; elles ne se quittent pas; et comme sa maison est près de la nôtre, nous passons notre vie ensemble, et l'on ne nous voit plus dans aucune réunion publique.

Maintenant que ma tante connaît le nouveau motif que j'ai pour aimer ma chambre, elle ne répugne point à m'y laisser seule, et me permet quelquefois d'en sortir avec un vieux montagnard que nous avons pris à notre service, pour aller visiter les sites gracieux et pittoresques que l'on trouve au sortir de Baréges en descendant vers la petite ville de Luz.

Dans ma dernière promenade, le hasard m'a conduite dans une chaumière où j'ai réalisé pour d'autres le bonheur dont nous ne jouirons jamais sur la terre. Je vous conterai cette aventure dans une autre lettre.

Si tu as ouvert celle-ci avec précaution, mon cher Anatole, tu auras pu y trouver une feuille d'une rose sauvage que j'ai cueillie sous ma fenêtre: en la couvrant de baisers, je me suis dit que nos ames étaient unies comme les nuances si douces et si tendres de cette feuille de rose.

Adieu, mon cher Anatole; à toi pour la vie: je ne sais si c'est te dire pour long-temps, mais générale, dont je me voyais entourée, me semblait un titre de plus à ton amour, et j'étais tentée de répondre ton nom à chaque mot que l'on m'adressait, tant il me paraissait impossible que l'on me parlât d'autre chose.

Ma tante, qui avait sans doute la plus grande part à tant d'hommages, ne me fit pas l'injustice de se méprendre sur l'espèce de plaisir qu'ils me procuraient, et n'arrêta un moment mon attention sur quelques hommes distingués par l'éclat de leur nom et l'élégance de leurs manières, que pour en prendre occasion de mesurer la distance qui les sépare de Charles et d'Anatole.

Quelques heures passées dans ce lieu en ont fait disparaître le charme, et les attentions importunes de quelques jeunes gens nous en ont éloignées tout-à-fait. Ma tante elle-même n'a point tardé à se lasser de ce cercle où les plus inoffensifs se rendent pour tuer le temps; où l'inanité du cœur et de l'esprit vient s'étourdir au milieu d'un bourdonnement sans fin et sans raison, dans un chaos de fatuités rivales, que votre sœur a si bien comparé à cette confusion d'insectes ailés que l'on aperçoit tourbillonnant dans un rayon du soleil.

La première fois que nous avons paru à l'assemblée, madame de Neuville y a fait l'heureuse rencontre d'une madame d'Houdetot dont vous avez c'est du moins jusqu'au dernier battement de cœur de ta Cécile.

P. S. Ma santé se rétablit.... si je m'étais trompée.... si.... je frémis à cet espoir : ma tante ne le partage pas, et je suis forcée de lui cacher la cause des larmes délicieuses que ses remarques me font répandre.

LETTRE LXXIV.

ÉMILIE DE NEUVILLE A CHARLES D'ÉPIVAL.

Baréges, 1787.

Pourquoi vous écrirais-je plus souvent, mon tendre ami? Les lettres de Cécile, qu'Anatole ne manque pas de vous communiquer (à une seule circonstance près, dont je me vante avec modestie), vous disent en d'autres mots tout ce que j'aurais à vous répéter, que nous aimons, que nous souffrons de l'absence, que nous aspirons au retour, et qu'au milieu de tous nos chagrins nous sommes, à tout prendre, peut-être les femmes les plus heureuses de la terre. Je regrette pourtant quelquefois de n'être pas venue ici dans une disposition d'esprit plus tranquille : vous.y auriez gagné des lettres plus amusantes; la tête et le cœur plus libres, je vous aurais tracé quelques uns de ces petits tableaux de chevalet, dont j'ai sous les yeux de très piquants modèles. Mais lorsqu'un sentiment profond remplit l'ame, toute observation fatigue et déplaît, parcequ'en s'y livrant nous nous éloignons de la seule pensée que nous aimions à retrouver ; parceque nous en voulons à tout ce qui nous empêche de nous rappeler à notre aise le dernier regard, le dernier mot du seul objet qui nous occupe. Tout modeste que vous êtes, mon ami, vous pourriez bien prendre ceci pour une déclaration, et je ne vois pas pourquoi je ne vous laisserais pas le maître d'en penser tout ce qu'il vous plaira. Au fait, j'ai pour vous tant d'estime, tant d'amitié, tant d'admiration, que je ne veux point disputer sur le nom qu'il convient de donner au sentiment que vous m'inspirez : appelez-le donc amour jusqu'à ce que vous ayez trouvé mieux ; j'adopterais ce mot avec plus de confiance, si nous n'avions l'un et l'autre sous les yeux l'exemple à jamais effrayant de la passion terrible à laquelle cette expression est réservée. Pauvre Cécile, adorable enfant, quel ravage l'amour a fait dans tout ton être !... « S'il est vrai, ma tante, me disait-elle hier, qu'on ne puisse être à-la-fois heureuse et sensible, qu'est-ce donc que la vie ? qu'est-ce donc que le bonheur ? » J'aurais bien voulu lui répondre qu'on pouvait être sensible sans faire à un autre le sacrifice de toutes ses facultés, de tous ses devoirs, de toutes ses vertus ; mais je n'en ai pas eu le courage ; et peut-être, mon ami, si j'ose l'avouer à vous seul, étais-je plus près d'envier son erreur que de la combattre.

Je conçois, plus facilement que je ne pourrais l'expliquer, le changement qui s'est fait en elle. Depuis que la certitude du péril a remplacé la menace, depuis qu'elle a placé toutes ses espérances dans l'objet même de ses craintes, Cécile est plus calme, et sa santé se fortifie de toutes les causes qui devraient l'altérer.

Nous avons été deux fois au cercle; et ce que vous aurez peine à croire, c'est qu'après y avoir été trouvées charmantes, après nous être vues entourées d'adorateurs, parmi lesquels on comptait deux altesses, quatre ou cinq *lordships*, et je ne sais combien d'excellences, nous sommes rentrées dans notre solitude avec la ferme résolution de n'en plus sortir. Le véritable motif de cette prompte retraite c'est la sensation beaucoup trop vive qu'a produite l'apparition de Cécile dans une assemblée où les vices les plus illustres semblent cette année s'être donné rendez-vous. La santé est un prétexte qui excuse ici tous les caprices; moi, qui ne sais pas l'art de m'imposer des privations réelles pour m'épargner des maux imaginaires, j'aurais eu plus de peine que Cécile à me retirer aussi précipitamment d'un monde élégant pour lequel j'ai toujours eu quelque faible, il faut bien en convenir, si le sentiment que j'ai pour vous ne m'en eût corrigée. Je n'ai plus de goût pour la société, parceque je ne veux maintenant y plaire à personne; mais j'ai la tendresse injuste, je vous en préviens; et quand j'abjure toute espéce de coquetterie, j'exige que vous renonciez vous-même à tous les succès qui vous attendent dans le grand monde.

Songez, messieurs, à ne pas nous donner de mauvais exemples; la nature nous donne déja d'assez mauvais conseils. Pour me confirmer dans ces honnêtes dispositions, ma bonne étoile m'a fait rencontrer ici madame d'Houdetot; elle m'a prise dans une véritable passion, et nous nous sommes liées à la première vue. Elle est déja loin de la jeunesse; mais elle est si bonne, si douce, si affectueuse; de si nobles, de si intéressants souvenirs se rattachent à sa personne! J'ai fait avec elle mon cours de Rousseau, de Saint-Lambert, de Duclos, d'Helvétius; et, grace à cette bonne petite vieille, je sais maintenant mon dix-huitième siècle par cœur. Elle a vu briller et s'éteindre toutes les gloires littéraires de cette mémorable époque, et sa conversation me met à même de rectifier mes idées sur une foule de choses et de personnes que j'appréciais avec les préjugés et les préventions dont j'étais imbue. Je dois à sa franchise aimable un bien singulier aveu.

« Je n'ai jamais été, me dit-elle, ni jolie, ni même ce qu'on peut appeler spirituelle; mais j'étais tourmentée du désir de passer pour *l'une et l'autre;* et pour cela je n'ai rien trouvé de mieux que d'intéresser des hommes d'esprit à me faire la réputation que j'ambitionnais : le moyen de ne pas en croire Saint-Lambert, et sur-tout Rousseau, qui m'a immortalisée sous le nom d'une Julie avec laquelle je n'avais pas plus de ressemblance qu'il n'en avait lui-même avec Saint-Preux ! »

J'ai soin de tenir note de toutes les confidences que me fait cette dame des anciens jours, et peut-être viendra-t-il un temps où nous pourrons en causer les pieds sur les chenets.

Aujourd'hui c'est de nos propres aventures qu'il faut nous occuper, mon cher Charles (je deviens bien familière, comme vous voyez) : dans six semaines la saison des eaux expire, et nous aurons encore *besoin* de prolonger de *trois grands* mois notre voyage. Il faut, dès ce moment, préparer les esprits à recevoir cette nouvelle ; et je ne connais pas de meilleur moyen que de jeter dès aujourd'hui, en avant, une légère alarme sur le retour de mes maux de nerfs, qui pourront fort bien, entendez-vous, m'obliger à passer l'hiver à Nice.

Je suis étonnée de n'avoir encore reçu qu'une lettre de ma sœur ; ce n'est que par elle que je puis savoir ce qu'on dit, ce que l'on fait, ce que l'on médite à Beauvoir. M. de Clénord aurait-il renoncé à son projet de faire sa fille comtesse malgré elle ? Le roi des fats se serait-il enfin aperçu qu'on a pour lui une aversion mortelle ? et sa fierté, si fortement compromise, l'aurait-elle décidé à porter ailleurs des vœux que Cécile repousse, aujourd'hui plus que jamais, de toutes les forces de son cœur, de sa raison, et de sa délicatesse?

Vous n'allez plus à Beauvoir, mais vous êtes en relation avec les habitants de Champfleury : ainsi vous pouvez faire jaser Albert et Pauline. Adieu, mon ami; je finis ma lettre comme je l'ai commencée : « Nous aimons, nous souffrons de l'absence, et nous aspirons au retour. »

LETTRE LXXV.

CÉCILE A ANATOLE.

Barèges, 1787.

Il y a dans la vallée de Bastan, en descendant ver Luz, un lieu que j'aime, d'où je vous écris, et que je veux vous faire connaître : votre pensée, mon ami, vous y transportera plus facilement, et je serai sûre qu'à l'avenir vous ne me chercherez pas ailleurs au coucher du soleil. Je suis assise sur un morceau de roc, au bas d'un sentier qui, conduit par de nombreux détours au sommet d'une masse énorme de rochers qui surplombent, et dont la partie la plus élevée sert de base à une petite chapelle de saint Antoine, patron des bergers montagnards de ce canton; j'ai devant moi une portion de la vallée si étroite et si profonde, que la cime des arbustes dont elle est plantée forme sous mes yeux un tapis de verdure et de fleurs qui, de la distance où je le vois, offre l'aspect d'une prairie émaillée.

Le soleil, qui s'abaisse en ce moment sur les montagnes, brise ses rayons à travers les nuages errants qui le couvrent, et colore les objets d'une variété de teintes qui les embellissent encore. Dans le lointain mon œil découvre de petites prairies parsemées d'arbustes, de rochers, de cabanes, d'un effet ravissant; çà et là des hêtres d'une beauté admirable, des ifs noirs autour desquels se groupe d'une manière pittoresque cette belle gentiane aux fleurs jaunes, que nous avons tant de peine à acclimater dans nos jardins; une foule d'accidents de terrain et de lumière, impossibles à décrire, ajoutent à l'enchantement du paysage; quelques chèvres égarées semblent suspendues aux rochers voisins, tandis que des aigles planent au-dessus de leur cime.

C'est là, dans ce lieu solitaire, que je viens rêver à toi, mon bien, mon univers, ma vie; hélas! est-elle autre chose que cet amour qui me dévore? Ton image chérie absorbe ma pensée quand je veille, et caresse mon ame dans mes songes; c'est en toi que j'existe, c'est en toi que je souffre, et je n'ai de douleurs que tes peines.... Que je suis bien ici, Anatole! Il y a je ne sais quel accord mystérieux entre ces beautés douces et terribles et l'état de mon ame. Combien cette intimité avec la nature est consolante!

. . . .

Après avoir écrit ces derniers mots, j'étais restée

un moment absorbée dans la contemplation de cette scène silencieuse, dont j'aurais craint d'interrompre le charme par le seul mouvement de ma pensée; un événement bien simple, en m'arrachant à cette douce extase, m'a forcée de quitter la plume, et c'est dans ma chambre que je termine, le même jour, à onze heures du soir, la lettre que j'ai commencée au pied de la chapelle du rocher.

Une petite fille, jolie et fraîche comme les fleurs de ses montagnes, conduisait une chèvre ornée de rubans roses, qui bondissait sous la main de l'enfant; la chèvre s'échappe et vient se réfugier près de moi. J'interroge la petite et j'apprends qu'elle s'appelle Marie, et son père le bon homme Lézer; qu'elle a une sœur qui doit se marier dans un mois, et que cette chèvre est le cadeau des fiançailles. « Elle est donc bien heureuse, votre sœur? — Tout au contraire, mademoiselle; Émine, c'est comme ça qu'elle se nomme, pleure du matin au soir. — Et pourquoi pleure-t-elle? — Parceque c'est notre cousin Boson qu'elle aime, et que c'est à mon parrain Laourens qu'on la marie. — Il est riche votre parrain? — Oh! oui-da mademoiselle, il a un troupeau de cent bêtes, et Boson n'est qu'un pauvre vannier, quoiqu'il n'ait pas son pareil pour la chasse aux isards. »

Je continuai à questionner cette petite fille aux pieds nus, qui semblait elle-même sauvage et gracieuse comme l'animal léger qu'elle conduisait en laisse. Je m'intéressais sur-tout au sort d'Émine où je croyais trouver quelques rapports avec le mien. Marie me montra de loin la cabane paternelle où elle retournait; ce trajet ne m'éloignait pas d'un quart de lieue, et la nuit était loin encore; je la suivis.

Près de la porte, sous un hêtre qui avait vu naître et mourir bien des générations, la mère de Marie filait au rouet, et la jeune fiancée, assise auprès d'elle, mouillait de ses larmes le chanvre dont elle entourait sa quenouille. La mère et la fille m'accueillirent avec une effusion de bienveillance que je n'ai pas souvent rencontrée dans le monde où j'ai vécu. Tandis qu'Émine me servait une tasse de crême que j'avais demandée, j'eus le temps d'observer la délicatesse de ses traits, l'élégante légèreté de sa taille, et l'expression d'une physionomie charmante, qu'embellissaient encore les traces du chagrin profond dont elle portait l'empreinte. Je ne lui cachai pas que j'en connaissais la cause, et j'interrogeai plus particulièrement sa mère sur les circonstances du mariage projeté où elle était contrainte. « On ne me contraint pas, interrompit vivement Émine, et c'est volontairement que j'épouse un homme qui fait le bonheur de mon père et de ma mère. — Il est bien vrai, reprit cette bonne femme, qu'Émine se sacrifie pour nous : nous sommes bien pauvres mon mari et moi, et Laoureus, en épousant ma fille, nous donne un couple de belles vaches et cent écus comptant, avec lesquels nous voilà bien sûrs de ne manquer de rien dans nos vieux jours. — Mais elle en aime un autre? dis-je à la mère. — Hélas oui, et nous l'aimons tous; mais mon neveu Boson n'a pour lui que son adresse, son agilité et son courage, et lui-même a renoncé à la main d'Émine, depuis qu'il a eu connaissance des intentions du grand pasteur. — Boson, continua la jeune fiancée en versant un torrent de larmes, s'apprête à quitter le pays; il va s'engager, et nous ne le reverrons jamais dans nos montagnes. — Prévenez-le de venir vous trouver demain ici, à pareille heure; je viendrai moi-même, et peut-être, en nous concertant ensemble, trouverons-nous le moyen de le retenir parmi vous. » La jeune fille, qui seule devinait ma pensée, s'est jetée sur ma main, qu'elle baisait en sanglottant; sa mère me remerciait sans savoir de quoi, et je me suis éloignée de cette cabane, avec la douce espérance d'y ramener demain l'amour et le bonheur.

Vous apprendrez dans une autre lettre quel aura été le succès de ma seconde visite à la cabane du bon homme Lézer....

Adieu pour ce soir, mon tendre ami; chaque fois que je quitte la plume, il me semble que je brise un des liens qui nous unissent.... Cependant je ne puis plus écrire, mes pleurs tombent sur ce papier : que j'envie son sort! Dans quelques jours, il sera entre tes mains.... tu pourras le presser sur ton cœur.... A toi, pour la vie, Anatole; pour la vie et par-delà.

LETTRE LXXVI.

LA MÊME AU MÊME.

Barèges, 1787.

J'ai été bien exacte, comme vous pouvez le croire, mon ami, au rendez-vous du lendemain ; et je vous laisse à penser si j'y étais attendue avec impatience. Je m'étais fait précéder par deux belles vaches laitières et une chèvre, que je m'étais procurées dans la matinée, et que j'avais fait conduire à la cabane par mon vieux guide. Ma tante a voulu m'accompagner, et partager avec moi, de toute manière, le plaisir d'une bonne action.

Nous avons trouvé la famille assemblée sous le vieux hêtre, et je n'ai pas eu le temps de prévenir le premier mouvement de ces bonnes gens, qui sont venus se précipiter à mes genoux. Je me serais volontiers jetée aux leurs, pour les remercier du bonheur qu'ils me procuraient : « Embrassez-moi, leur dis-je en les relevant, et Dieu vous soit en aide, enfants de la vertu; vous avez donné au monde un grand exemple de piété filiale, le ciel vous en devait la récompense. — C'est Boson, madame, me dit Émine, en me présentant l'heureux jeune homme.... Tâchez de concevoir, mon cher Anatole, tout ce qu'il y avait d'amour, de félicité, de reconnaissance dans ces trois mots : « *C'est Boson, madame.* » L'expression qu'elle mit à les prononcer, et qui fit tressaillir mon cœur, ne m'empêcha pas de remarquer, en rougissant, qu'elle m'avait donné le titre de *madame*, tandis qu'à notre première entrevue, au déclin du jour, elle m'avait toujours appelée *mademoiselle*.

Anatole, je ne puis plus cacher ma honte, et c'est dans ce lieu même que je devais m'en convaincre moi-même : au moment où je remettais à Émine la petite bourse de vingt-cinq louis que nous avons donnée aux jeunes gens pour dot, j'ai senti dans mon sein.... O supplice! ô bonheur!... Mon sang s'est tout-à-coup arrêté dans mes veines. J'ai prononcé votre nom, et je suis tombée sans connaissance dans les bras de ma tante, moins effrayée que ceux qui m'entouraient, d'un état où, depuis notre arrivée dans ce pays, elle m'a vue plusieurs fois.

J'ai recouvré mes sens au bout de quelques minutes, et nous avons repris le chemin de Baréges, au milieu des bénédictions de l'heureuse famille dont ma tante a comblé les vœux, en promettant à la femme du bonhomme Lézer d'être marraine de l'enfant qu'elle est au moment de mettre au jour.

C'est donc pour nous seuls, ô mon cher Anatole, que le ciel est injuste et la société inexorable! Je t'ai vu; comment ne t'aurais-je pas aimé, toi né dans ma famille, toi qu'une si fatale conformité de vœux, de sentiments, de pensées, semblait unir à mon existence? Je t'aimais comme un ami, comme un frère, d'une tendresse innocente et pure, quand un nouvel amour, une passion funeste, invincible, est venu détruire le bonheur de notre vie; pourquoi le détruire? notre amour est-il donc un crime? Dis-moi, Anatole, est-ce une loi de la nature ou une bizarre convention des hommes? Quels sont ces décrets inviolables que je frémis d'avoir violés et contre lesquels toutes mes facultés se révoltent? Mon esprit se perd dans la confusion de ses pensées, et j'ose accuser à-la-fois le ciel que j'outrage, et la société tout entière qui me condamne.

Dans ce chaos de mes devoirs, de mes vœux, de mes sentiments, je ne reconnais bien qu'une seule vérité, c'est que je ne puis, que je ne veux pas reculer devant ma destinée, et que j'ai fait un pacte avec mon amour, ma douleur, et mon repentir. Non, l'auteur de mon être ne me livre pas à un éternel désespoir; un jour viendra qu'ils seront brisés, ces liens d'une société barbare; nos ames se rejoindront dans un monde meilleur, et sous des cieux plus indulgents, où Anatole et Cécile s'abandonneront sans crainte et sans remords à ce bonheur d'aimer dont on leur fait un crime sur la terre.

LETTRE LXXVII.

CHARLES A ÉMILIE.

Aux Bruyères, 1787.

Chère Émilie, j'aurais voulu commencer ma lettre par vous remercier du bonheur que m'a procuré la vôtre; mais j'ai à vous rendre compte de la démarche que je viens de faire auprès de M. de Clénord, et vous jugerez de son importance par le soin que je prends de vous en instruire à l'insu d'Anatole, et de vous faire parvenir cette lettre sous le couvert de madame d'Houdetot, de manière que vous puissiez en dérober la connaissance à Cécile; c'est déja vous dire que le succès de cette démarche est loin d'avoir répondu à nos espérances.

Jeudi de la semaine dernière, j'ai reçu une lettre de madame vôtre sœur qui m'invitait à me rendre sans délai à Beauvoir, d'où son mari devait être absent pendant quelques jours. Je suis parti, deux heures après, des Bruyères où j'étais venu la veille installer notre malheureux ami. Dans l'état d'exaltation où il se trouve, je n'avais pas cru devoir le prévenir du message que j'avais reçu.

Je ne vous cacherai pas, ma chère Émilie, que la première chose qui m'ait frappée dans cette entrevue c'est le changement extrême de madame de Clénord, résultat trop visible des progrès de la maladie dont elle est atteinte depuis deux ou trois ans, et à laquelle son médecin, pour ne point l'effrayer, a cru devoir donner un nom moins alarmant.

Madame de Clénord, qui ne pouvait douter que je fusse instruit du secret des amours de Cécile et d'Anatole, m'avoua qu'elle avait consulté son directeur, et que celui-ci avait levé en partie les scrupules religieux qui s'opposaient dans son ame au mariage de son frère avec sa fille; mais il restait à vaincre un obstacle qu'on regardait comme insurmontable, celui que son époux ne manquerait pas d'opposer à l'hymen de sa fille avec tout autre que le comte de Montford, à qui sa parole est donnée, et dont l'alliance comble les vœux de son ambition : « Ce qui me fait désespérer, ajouta-t-elle, que nous puissions jamais obtenir son consentement, c'est la vieille inimitié qu'il a pour mon frère. Elle m'est trop bien connue, dit madame de Clénord, pour mè permettre de porter sur un pareil sujet les premières paroles, et c'est à l'ami d'Anatole que j'ai voulu confier une mission si délicate. » Je m'en chargeai avec d'autant plus de plaisir, que j'avais une chance de plus pour la faire réussir : nous convînmes du jour où je reviendrais à Beauvoir.

Je me fis annoncer la veille à M. de Clénord, qui me reçut dans son cabinet avec une politesse toute diplomatique. J'abordai la question avec toute l'adresse et tous les ménagements dont je suis capable, et je terminai, sans lui donner le temps de m'interrompre, par lui demander la main de sa fille pour son beau-frère. Il y a dans la contenance de l'homme le plus maître de lui, je ne sais quel langage de la nature plus expressif que la parole. M. de Clénord n'avait pas encore ouvert la bouche que j'aurais pu répondre d'avance à chacune des objections que me révélait sa physionomie en apparence immobile. Je passe sous silence toutes celles qu'il tira « des liens étroits du sang, de la qualité d'oncle et de la différence d'âge qui donnaient, disait-il, tout le caractère de la plus révoltante séduction au sentiment que M. de Césane avait inspiré à sa nièce, si l'on était obligé d'en croire un tiers sur une accusation de cette gravité. » Je répondis sur ce point, comme j'en étais convenu avec madame de Clénord, que cette passion avait été combattue par mon ami avec un courage presque sans exemple, qu'elle avait été révélée par Cécile elle-même au moment où l'on désespérait de sa vie, et qu'aujourd'hui le refus de son père la conduirait infailliblement au tombeau. « Qu'elle se prépare donc à y descendre, répondit-il avec un sang-froid barbare; car j'ai donné au comte sa parole et la mienne; et je ne pourrais y manquer qu'en affichant le déshonneur de ma famille. — Mais, monsieur, lui répondis-je, M. de Montford a été témoin de la répugnance de mademoiselle de Clénord pour un mariage sur lequel on n'a point consulté son inclination. — L'inclination d'une fille de seize ans doit-elle être autre chose que la volonté de ses parents? — J'ai quelque raison de croire que madame de Clénord est d'un autre avis. — Madame de Clénord ne s'en est jamais expliquée avec moi, et je dois supposer du moins que, dans ses principes, elle recevrait avec plus d'indignation que moi-même la proposition d'unir sa fille avec son frère; quant à moi, monsieur, je ne crains pas d'être taxé par vous d'injustice et de tyrannie, en persistant dans la volonté d'unir ma fille unique avec un homme jeune, aimable, de la plus haute naissance, qui apporte pour dot à Cécile une immense fortune, et l'espérance de deux duchés en France et en Angleterre, dont il est héritier. »

Nous étions arrivés a cette grande considération

des titres et de la dot où gît en effet toute la difficulté. Pour la résoudre, j'essayai d'abord de lui prouver que le droit prétendu de la maison française de Montford au duché de ce nom en Angleterre n'était qu'une prétention que la chancellerie de ce royaume avait constamment repoussée.

Je déployai toutes mes connaissances héraldiques dans l'examen de l'écusson de cette famille, où j'avais observé dans la branche transversale un signe de bâtardise qui n'existait pas dans les armes anglaises de cette maison. Cette remarque fit sourire dédaigneusement M. de Clénord. « Il est vrai, me dit-il (d'un ton de suffisance dont je me serais beaucoup amusé dans un autre moment), que la légitimité des Montford a reçu au treizième siècle une auguste atteinte ; mais j'avais toujours cru qu'un roi de plus ne gâtait rien dans une famille, de quelque manière qu'il s'y présentât. »

Je me gardai bien d'approfondir une pareille discussion, et j'en vins à l'article de la fortune, non moins important aux yeux d'un financier anobli. « M. de Montford, lui dis-je, attend de grands biens de la succession de son père, mais ce père vit encore, et l'on croit assez généralement qu'il a perdu beaucoup dans la banqueroute du prince de Guémenée ; le comte lui-même a des dettes, et dans l'état où sont aujourd'hui ses affaires, je crois fermement que la fortune de Césane augmentée par moi d'une cinquantaine de mille livres de rente, serait au moins égale à la sienne. » Autre sourire de dédain de M. de Clénord, dont il me donna l'explication, en m'apprenant que la fortune de son gendre futur, bien et duement constatée par-devant notaire, se montait, indépendamment de toute succession, à trois cent vingt-cinq mille livres de rente.

Je vous fais grace, ma chère Émilie, de la suite d'un entretien où votre beau-frère déploya un caractère tellement odieux, que je ne fus pas le maître de réprimer l'expression du mépris que m'inspirait tant d'égoïsme et d'insensibilité. Cet homme est sans esprit et sans ame; il m'échappa de lui dire qu'il était un père dénaturé et qu'il rendrait compte un jour de la charge sacrée que lui avait confiée la nature; il balbutia, il changea de couleur, le sang qui lui monta d'abord à la figure, retourna subitement vers son cœur, et son cœur insensible le repoussa sur son visage. Il faut abandonner tout espoir de le ramener à des sentiments plus humains, et malheureusement dans cette circonstance il aura pour lui les lois, les mœurs telles que les préjugés nous les ont faites, et la société tout entière.

Laissons ignorer à Cécile et à Anatole une circonstance qui achèverait de porter le désespoir dans leur ame, et attendons tout du hasard qui met aussi souvent en défaut nos craintes que nos espérances.

Après vous avoir si péniblement entretenue des tourments de l'amitié, comment vous exprimer les vœux de l'amour? Votre lettre m'a rendu le plus heureux des hommes, mais Anatole en est le plus infortuné.

LETTRE LXXVIII.

ANATOLE A CÉCILE.

Aux Bruyères, 1787.

Je suis à deux cents lieues de toi, et je t'écris dans l'ivresse du bonheur : un rêve m'abuse-t-il, ou suis-je entièrement privé de la raison ? Non, Cécile ; mais j'habite en ce moment ce vieux donjon, ce temple *des Bruyères,* où la nuit *du 5 mars....* ton cœur a tressailli.... Je suis assis près de cette petite fenêtre en ogive, où tu m'apparus comme une lueur céleste entre ces touffes de lierre que ta main avait écartées ; je retrouve sur ce mur la trace de mes pas ; je te vois, le corps penché sur la pierre d'appui ; tendre vers moi un bras que je couvre de baisers sans oser le saisir, tant je crains que le moindre effort ne détermine ta chute. Je pénètre dans cet asile mystérieux, je te porte presque évanouie sur ce lit au pied duquel je me prosterne ; tu renais sous mes baisers brûlants, et ton cœur s'embrase du feu qui me dévore. Je vais expirer d'amour, et je n'ose franchir la barrière de lin qui nous sépare; mais ton bras frémit autour de mon corps qu'il embrasse et semble m'attirer vers toi : ô dernier terme de la félicité divine ! Cécile me presse sur son sein, je m'enivre de ses soupirs, et mes lèvres ardentes recueillent sur ses yeux les larmes de la volupté qui les inondent : quels ravissements, quels transports s'emparent de tout notre être et confondent nos ames emportées dans un torrent de délices!....

Ne me grondez pas, Cécile, de vous rappeler cette nuit d'éternelle mémoire; qui pourrait supporter l'existence, après des jouissances pareilles, si l'intervalle qui les sépare n'était rempli par leur souvenir?

C'est là, c'est dans cette chambre où je croyais avoir connu la félicité suprême, que je viens de goûter un bonheur plus grand encore s'il est possible, en lisant ta dernière lettre. Il est donc vrai, Cécile, un autre cœur bat dans ton sein, un autre cœur bat auprès de ton cœur; nous serons bientôt deux pour t'aimer.

Tout est mystère, tout est prédestination dans notre amour; vois dans quelle circonstance la nature a voulu qu'une triple existence te fût révélée : au moment où, comme un ange du ciel, tu descends dans la chaumière du pauvre, pour y ramener l'amour, la joie et le bonheur, qu'un destin cruel semblait en avoir bannis pour jamais. Le ciel qui s'est servi de ta main pour secourir Émine et Boson, brisera-t-il l'instrument de ses bienfaits; et ses rigueurs envers toi, sa plus douce image, me forceront-elles à nier une Providence impuissante à récompenser tant de vertus?

Tout entier au bonheur d'habiter ces lieux, je ne t'ai point encore dit à quel bienfaiteur j'en suis redevable; quel autre que Charles aurait deviné ce besoin de mon cœur, ce moyen de me faire supporter une absence dont le terme me semblait plus éloigné que celui de ma vie?

Dans la retraite studieuse où je m'étais confiné à Orléans, j'avais cru tromper mes ennuis, ou plutôt mes fureurs; car je dois te l'avouer, Cécile, la soif de la vengeance dévorait mon ame, et l'image toujours présente de ce misérable Montford torturait ma pensée : il avait osé aspirer à ta main! il se flattait encore de l'obtenir! et il vivait!....

Charles ne tarda pas à s'apercevoir du trouble que ces projets de vengeance portaient dans mes esprits, et ne voyant d'autre moyen de m'en distraire que de m'entourer de ton image, il s'empressa de faire l'acquisition du domaine des Bruyères dont il m'a rendu possesseur par un acte de transfert dont je n'ai eu connaissance que le jour même où il m'a conduit dans cet asile.

Juge de mon ravissement, ma bien-aimée, en me retrouvant dans ce lieu de délices, dans ce désert enchanté par ton souvenir; où je puis voir, du haut de la tourelle que j'habite, la maison de ta nourrice, et jusqu'à la croix qui surmonte cette petite chapelle de sainte Cécile que t'a dédiée la reconnaissance. Je suis ici, avec mon fidèle Lambert, sous le nom de Boyd; c'est celui d'un Anglais de mes amis que j'ai laissé aux Indes. Ta nourrice, qui ne m'a vu qu'une fois depuis mon retour, n'a garde de me reconnaître sous le costume demi-sauvage que j'ai adopté: cette bonne femme est le seul être vivant du pays avec lequel je communique; elle a seule l'entrée de mon ermitage où elle vient chaque jour apporter nos provisions.

Charles, qui ne sait pas tout le bien qu'il m'a fait, a trouvé le véritable, le seul remède à mes maux; ma raison, que j'ai vue quelquefois près de m'abandonner, me revient saine et entière; et la solitude où je me trouve seul avec toi dans la nature, où je te suis pas à pas depuis l'heure de ta naissance jusqu'à cette nuit où s'accomplirent nos destinées, la solitude éteint en moi tout sentiment de haine et ne me laisse plus qu'un vœu à former sur la terre.

Il sera rempli, Cécile; bientôt nous serons réunis dans ces bois où fut ton berceau, où j'ai reçu moi-même une nouvelle existence, et où je bénirai même la mort qui ne pourra désormais m'atteindre que dans tes bras: il n'y a rien pour moi dans l'univers au-delà de ton amour, et j'ai besoin de le croire éternel pour embrasser l'idée d'une autre vie.

Nous serons réunis!.... Dis-moi, Cécile, quand je m'approcherai de toi, quand je te presserai sur mon cœur, le tien se remplira-t-il à l'instant de cette flamme ardente, de ces transports ineffables dont m'enivre la seule pensée de mon bonheur? Ah! s'il est vrai, comme je l'éprouve, que le temps augmente toutes les impressions fortes, où s'arrêtera donc mon amour? Quel malheur, ô ma douce amie, que les passions, les serments, les preuves même restent si fort au-dessous de cet amour dont rien n'approche, dont aucun langage humain ne saurait donner l'idée! et que tu m'aimerais bien plus, ma Cécile, si je pouvais ouvrir devant toi le cœur qui le renferme.

Retrouveras-tu sur la feuille de rose que je te renvoie la trace des baisers que j'y imprime?

LETTRE LXXIX.

PAULINE A CÉCILE.

Blois, 1787.

Je suis venue passer quelques jours à Beauvoir, chez mon oncle (ne tremble pas pour mon repos; c'est un véritable oncle que celui-là; soixante-seize ans, rembourré de flanelle au mois d'août, fumant et grondant du soir au matin). On s'est imaginé que le voisinage de Blois, à l'époque de la foire, ferait diversion au chagrin que me cause le départ d'Albert; les bonnes gens ne se doutent pas du service qu'ils me rendent : ici je n'ai pour surveillante que ma vieille gouvernante, madame Dufaut; j'aurais le temps d'écrire vingt lettres pendant qu'elle prend son café avec sa contemporaine la baronne du Terrage, qui fait, depuis une quarantaine d'années, les honneurs du castel. Nous allons presque tous les jours nous promener à la foire; nous passons devant le bureau de la poste, et j'ai un singulier talent pour glisser une lettre dans la boîte; j'en userai ce soir pour la seconde fois : c'est assez te dire pour qui j'ai fait ma première épreuve. Eh bien! oui, mademoiselle, votre frère ne s'est décidé à partir que sur la promesse que je lui ai faite de lui écrire, et je suis esclave de ma parole. Il est allé soutenir son examen à Brest; instruit comme il l'est, il ne manquera pas d'être aspirant garde-marine; six mois après on l'expédiera sur quelque frégate, à l'extrémité du monde; il en reviendra dans cinq ou six ans peut-être, et nous nous marierons quand il plaira à Dieu. Voilà ce qu'on appelle des arrangements de famille, où l'on n'a oublié de consulter que ceux qu'ils intéressent; nous sommes si jeunes, disent-ils, comme s'ils avaient peur que nous fussions trop long-temps heureux! Que je leur en voudrais, Cécile, si je ne trouvais au fond de mon cœur une sorte de plaisir à me sentir dans une situation semblable à la tienne! J'ai de la patience pour tes chagrins, j'en aurai pour les miens; après tout, la patience n'est qu'une espérance prolongée.

Depuis ton départ, je n'ai pas mis le pied à Beauvoir, ce qui n'a pas empêché que nous n'ayons eu plusieurs fois à Champfleury la visite de l'odieux Montford et de ton père. Je ne te cacherai pas, mon amie, que ce dernier a parlé de ton mariage avec le comte comme d'une chose convenue, et à laquelle toi-même avais donné ton consentement : j'ai élevé quelques doutes d'un ton assez équivoque pour laisser Montford incertain sur le sentiment qui me les inspirait. Je ne serais pas éloignée de croire qu'il ait vu un peu de jalousie dans mon fait, et si j'ai bien interprété le regard qu'il a glissé sur moi, il voulait dire : « Que voulez-vous? les choses sont trop avancées. » Décidément le chevalier d'Épival a raison, cet homme n'est pas seulement un fat, c'est un sot et un méchant.

Je ne serai pas assez bête pour te donner des nouvelles d'Anatole; j'entends dire aux uns qu'il est à Paris, aux autres qu'il est parti pour l'Angleterre, à M. d'Épival qu'il s'est retiré chez son père, en Provence. Tu sais probablement mieux que moi ce qu'il en est.

La saison des eaux avance, ma chère Cécile : n'en verrai-je pas la fin? A bientôt pour te revoir, à toujours pour t'aimer.

LETTRE LXXX.

CÉCILE A SA MÈRE.

Nice [1], 1787.

Ma bonne, ma tendre mère, quelques mots échappés à ma tante m'ont fait concevoir de vives alarmes sur votre santé. Les prétextes qu'elle a trouvés pour ne pas me permettre de lire le passage de la lettre où M. d'Épival lui donnait cette triste nouvelle, ont augmenté mes inquiétudes : je serais partie sur-le-champ pour vous rejoindre, si je ne courais risque que de ma vie, à entreprendre en ce moment un si long voyage. Au nom du ciel, rassurez-moi

---

[1] Cécile et madame de Neuville étaient toujours à Barèges, mais leurs lettres étaient timbrées de Nice. Madame de Neuville en donne la raison dans une de ses lettres précédentes.

Il est aisé de voir qu'entre cette lettre et la précédente, il existe une lacune de deux ou trois mois; on a eu et l'on aura plusieurs fois la même remarque à faire dans le cours de cette correspondance.

par un mot de votre main! Ma situation est déja si cruelle!.... que deviendrais-je, si j'allais apprendre que les chagrins que je vous cause ont mis vos jours en danger?

J'embrasse vos genoux.

LETTRE LXXXI.

MADAME DE CLÉNORD A SA FILLE.

Beauvoir, 1787.

Je suis malade, mon enfant; tu le sais, mon mal est incurable, mais rien n'annonce encore que ma fin soit prochaine : j'ai même éprouvé quelques soulagements des traitements nouveaux que l'on me fait suivre.

En me témoignant tes alarmes sur ma santé, tu m'en causes de bien vives sur la tienne : Cécile, pourquoi ce voyage à Nice? Est-ce à ma sœur ou à toi que les médecins l'ont prescrit? et cette cruelle situation qui t'empêche de te mettre en route ne m'annonce-t-elle pas le retour du mal auquel je t'ai vue sur le point de succomber, et que tes chagrins peuvent aggraver encore? N'y ajoute point la crainte d'avoir mis en danger les jours de ta mère; ne sais-tu pas bien au contraire que ta tendresse les a prolongés et embellis; que je dois à toi seule les seize années de bonheur que Dieu m'a comptées depuis ta naissance?

J'ai pleuré sur ta faute, mais j'ai trouvé le ciel exorable, et tant que je vivrai tu ne seras point victime de l'intérêt et de l'ambition.... tant que je vivrai, ma fille.... Est-ce dire assez pour ton bonheur?

LETTRE LXXXII.

ÉMILIE A CHARLES.

Barèges, 1787

Je ne sais, mon ami, quel ton les convenances voudraient que je prisse pour vous annoncer l'heureuse issue du plus fatal événement. Il est né l'enfant qui n'aurait jamais dû naître, l'enfant de la douleur et de l'amour : c'est une fille, ou, pour me servir de l'expression anglaise, c'est la plus jolie petite chose dont on puisse se faire l'idée. Vous pouvez croire qu'en un pareil moment je n'étais point disposée à l'admiration ; et c'est cependant le premier sentiment qui se soit emparé de moi à la vue de cette céleste miniature. Je ne vous dirai pas par quelle suite de circonstances qui tiennent du prodige, Nathalie (c'est le nom que nous lui avons donné) est venue au monde dans la cabane d'un pâtre des Pyrénées, dont la femme était accouchée tout exprès trois semaines auparavant pour la nourrir. Je ne vous parlerai pas des dangers de la mère, qu'aucune considération, même celle d'une mort presque certaine, n'a pu décider à recevoir les secours du médecin que j'ai fait appeler; il suffit que vous sachiez et que vous vous hâtiez d'apprendre à un autre que l'on se porte bien, et que nous sommes toutes deux dans l'ivresse du malheur qui vient de nous arriver.

P.S. Je rouvre ma lettre pour y insérer quelques lignes tracées par Cécile, jusqu'au moment où un miracle seul pouvait lui sauver la vie.

LETTRE LXXXIII.

CÉCILE A ANATOLE.

De la cabane du Pasteur, 1787, dimanche.

Je suis arrivée hier ici, à l'heure où j'y viens régulièrement.... je n'ai pas pu en sortir.... j'ai fait prévenir ma tante, elle est accourue.... Ces bonnes gens m'ont logée dans la petite cabane que j'avais fait construire pour Émine et Boson, tout auprès de la leur.... J'y suis à merveille.... je souffre, mon cher Anatole....

Lundi matin.

La nuit a été cruelle !.... Ma tante, mon adorable tante, c'est elle qu'il faut plaindre.... La bonne femme Lezer l'effraie beaucoup sur ma position : elle voulait envoyer chercher des secours à Baréges.... je m'y suis refusée avec une si ferme volonté, avec une résolution si inébranlable, qu'elle a craint, en me contrariant sur ce point, de mettre ma vie dans un danger plus grand que celui où je me trouve....

Quatre heures du soir.

.... Mon ami, mes forces s'épuisent, si je pouvais vivre assez pour mourir seule!....

Deux heures du matin.

.... Mais non, je meurs tout entière; c'en est fait.... adieu, mon cher Anatole, il est un terme à mes souffrances.... il n'en est pas à mon amour.... Je t'aime.... encore!....

Cinq heures du matin.

.... Je t'aime, et je vis.... et nous vivons;.... qu'ils sont légers les maux que j'ai soufferts, tous ceux que l'avenir me prépare, comparés aux délices dont mon cœur est inondé!.... Je la presse sur mon sein....

.... Deux baisers de *nous* qui sommes toi.

LETTRE LXXXIV.

ANATOLE A CÉCILE.

Aux Bruyères, 1787.

De quelles inexprimables angoisses, de quel accès de désespoir, Charles ne m'a-t-il pas sauvé, en me faisant lire d'abord la lettre de ma sœur, et les derniers mots de la tienne?.... Tu vis.... *nous vivons!*

Ma Cécile, je puis arrêter un moment mes yeux et ma pensée sur ces lignes effacées par mes larmes, *je meurs tout entière;.... il est un terme à mes souffrances,.... il n'en est point à mon amour!....* Dans ce moment même, où mon cœur est rassuré sur le sens épouvantable de ces mots, je ne puis les lire sans me sentir saisi du frisson de la mort.

Comment cet écrit dont je baise l'un après l'autre chacun des caractères, me fait-il passer en un moment de l'abyme du désespoir au comble de la félicité! Je ne veux point chercher à t'exprimer ce bouleversement de tout mon être. Il est des émotions qui doivent passer de mon cœur dans le tien, sans l'intermédiaire du langage; disons seulement que la nature équitable envers nous a récompensé le plus grand des maux par le plus grand des plaisirs, et qu'un malheur tel que le nôtre manquerait encore à la destinée la plus heureuse.

Nathalie! adorable effusion de deux cœurs prédestinés l'un à l'autre, que tu seras aimée! Oui, je l'éprouve, Cécile; cet amour si tendre, si puissant que tu m'avais inspiré, et que je croyais sans bornes, il pouvait donc s'augmenter encore; tu ne m'as jamais été si chère, et le nouveau lien qui nous unit, en achevant de confondre nos ames, me fait connaître une autre sorte d'amour que le tien m'a révélé.

Quel doux avenir s'ouvre devant nous! C'est ici que fut ton berceau; j'y vais préparer celui de ta fille; l'hymen nous y réunira dans quelques mois; Charles et Émilie viendront s'y fixer près de nous, et dans cette douce retraite, loin du monde et du bruit, l'amour, la nature et l'amitié ne nous laisseront pas un souhait à former sur la terre.

Ne me dis pas, ma Cécile, que dans l'ivresse de la joie qui me transporte, je me crée un bonheur fantastique qu'un miracle seul pourrait réaliser; s'il faut un miracle, ma bien-aimée, qui nous empêche d'y croire après l'événement qui vient de m'arriver, et dont je te ferai le récit dans ma prochaine lettre. J'aurais trop de peine en ce moment à distraire mon cœur et mon esprit du sentiment qui les absorbe : adieu, ma tendre amie ; adieu, l'autre bien-aimée de mon ame ; je vous couvre de mes baisers.

LETTRE LXXXV.

ANATOLE A CÉCILE.

.... 1787.

Je t'ai promis, Cécile, le récit d'un miracle qui s'est opéré sous mes yeux, et qui m'a réconcilié avec toutes les histoires de fées et de revenants dont on berce trop souvent l'enfance.

Depuis que je suis aux Bruyères, le bonhomme Mouret, vieux concierge de soixante-dix-sept ans, ne manquait pas, chaque matin, de venir me faire un nouveau conte sur les esprits, les fées, les revenants qui hantaient, disait-il, une des ailes du château, bâtie sous la seconde race, et qu'on avait été forcé de laisser tomber en ruines, faute de trouver des ouvriers assez hardis pour y pénétrer. Je me moquais du bonhomme, qui tremblait de tout son corps à la seule pensée que j'oserais un jour m'introduire dans ce manoir infernal. « Si monsieur, me disait-il, avait seulement passé une fois, vers minuit, sous le *chêne des dames,* ou, sans aller si loin, s'il se trouvait à la même heure dans la bruyère, au pied de la *tour des Archives*, il verrait, ou du moins il entendrait des choses qui lui ôteraient le courage de tenter une pareille entreprise. » Je me promis bien de commencer par cette première épreuve.

L'idée m'en revint mardi dernier, en jetant les yeux sur la tour enchantée où je croyais voir briller et disparaître une clarté rougeâtre à travers une des meurtrières de la tour.

Je descends, et je vais me tapir dans la bruyère qu'avait indiquée le concierge. J'y étais à peine que j'entendis les sons prolongés d'une espèce de cornemuse, au moyen de laquelle on cherchait à imiter un long gémissement; presqu'en même temps, je vis voltiger sur la plate-forme quelques feux violets, qui tous me paraissaient sortir du même foyer où ils revenaient s'éteindre. Après avoir réfléchi quelques moments sur ce phénomène, que je m'expliquais de diverses manières, des éclats de rire, accompagnés du son lugubre de la cornemuse, fixèrent à-peu-près mes idées sur cette étrange aventure.

Le lendemain, Charles, qui s'était absenté depuis quelques jours, revint à l'ermitage; je lui fis part de mes observations de la nuit dernière, et nous convînmes de commencer, dès le soir même, la chasse aux esprits.

Le bonhomme Mouret, instruit de notre dessein, avait d'abord refusé, sous différents prétextes, de nous donner les clefs de ce pandemonium ; mais, quand il nous vit décidés à faire sauter les portes, il nous apporta, en tremblant, le petit coffret de fer où elles étaient renfermées, en nous prévenant qu'il allait quitter le château pour ne pas être témoin de sa destruction et de la nôtre. Nous l'autorisâmes à aller passer la nuit en prières, chez le curé de Soing, son arrière-neveu.

Nous n'attendons pas l'heure du sabbat pour nous mettre en quête ; armés jusqu'aux dents, et munis chacun d'une lanterne sourde, nous voilà traversant avec précaution une vieille galerie dont le plancher, écroulé en plusieurs endroits, nous oblige à faire notre chemin de solive en solive jusqu'à la porte fatale qui donne entrée dans la tour. Nous l'ouvrons avec d'autant plus de facilité, que la serrure énorme qui la ferme s'est à-peu-près détachée du bois vermoulu où elle était encastrée ; mais, à notre grand désappointement, nous trouvons cette ouverture murée de l'autre côté de la porte.

Tandis que nous délibérons sur ce qui nous reste à faire, je m'aperçois que la dernière fenêtre de la galerie auprès de laquelle nous nous trouvons, communique à une embrasure de la tour par un petit pont à bascule que l'on n'a pas eu soin de relever. Nous y passons, et nous voilà parvenus à l'un des repos de l'escalier étroit et circulaire qui conduit dans l'intérieur de la tour.

Sans monter plus haut, nous passons sous une petite voûte en forme de corridor, qui paraissait se terminer par une muraille rouge et transparente : nous avançons et nous nous trouvons derrière une simple cloison de serge; nous faisons, aux deux extrémités, des découpures pour y appliquer nos yeux. Dans une salle ronde, éclairée par une lampe de fer suspendue au plafond, un vaste lit de camp, séparé en plusieurs parties, forme un demi-cercle précisément en face du lieu où nous sommes; au milieu de la salle, positivement au-dessous de la lampe, une table, dressée et servie avec une sorte d'élégance sauvage, annonce que l'on attend cinq convives. Au-dessus de chaque lit, un feutre pointu ou un bonnet de plumes de coq indique le sexe de la personne qui l'occupe.

Pendant que nous nous communiquions nos observations à voix basse, les sons lugubres que j'avais entendus la veille parviennent jusqu'à nous, et sont interrompus quelques moments après par les éclats de rire qui annonçaient probablement la fin de cette scène de fantasmagorie. Comme j'en faisais la remarque, un rideau semblable à celui derrière lequel nous étions placés, se lève, et nous voyons entrer à la file, un homme à longue barbe, le corps ceint d'un cordon; trois femmes : l'une âgée d'environ cinquante ans (l'imagination ne se représente pas la Fatalité sous d'autres traits) était suivie de deux jeunes filles un peu trop légèrement vêtues, même pour la chaleur excessive qu'il faisait, et d'un petit garçon de quatorze ou quinze ans qui fermait la marche. Les cinq fantômes se mirent à table, et chacun raconta l'emploi de sa soirée.

Le chef de la troupe avait été désensorceler une femme du village de Contre, sur laquelle on avait jeté un sort; la vieille, avec ses deux filles, avait été danser autour du *chêne des dames*, dans les bois de de Cheverny, et rapportait quelques offrandes en grains, en vin ou en monnaie, qu'elles avaient imposées à la frayeur des paysans. Le petit garçon était resté en sentinelle sur le haut de la tour, d'où il avait vu le bonhomme Mouret s'enfuir du château, vers six heures, en jetant des regards effrayés sur la tour.

Cette circonstance parut donner à penser au magicien en chef qui ordonna au petit garçon de monter sur la tour, et à ces dames d'aller lever le pont de la galerie, tandis qu'il irait la parcourir intérieurement. La troupe sortit par où elle était entrée, et l'homme à la grande barbe, après avoir allumé à la lampe un flocon d'étoupes imbibées d'esprit de vin, s'avance de notre côté, fait glisser sur une coulisse le panneau qui nous cachait à lui, et se trouve face à face de deux pistolets dont nous le menaçons à la fois.

Cet homme recule quelques pas en témoignant plus de surprise que de crainte, et nous demande ce que nous lui voulons. « C'est à nous à vous interroger, lui dit Charles tandis que je le tenais en joue : que faites-vous ici ? — Je suis chez moi, répondit-il, dans l'habitation que m'ont léguée mes ancêtres, et que nous possédons de père en fils depuis près de trois siècles. — Vous savez cependant que cette tour est une dépendance du château des Bruyères, et que la crainte et la superstition vous en ont seules assuré la jouissance.—Nous possédons au même titre que la plupart des hommes, ajouta-t-il avec fierté, et dès-long-temps la prescription nous est acquise.—Je ne vois en vous, lui dis-je, qu'un chef de bandits qui désolez la contrée, et si vous ne me suivez à l'instant, je vous brûle la cervelle. — Nous n'avons jamais fait de mal à personne, et si, pour assurer notre existence, nous avons mis un impôt sur la sottise et la crédulité des habitants de la Sologne, manquons-nous de nobles exemples pour justifier notre conduite ? Vous pouvez me tuer, ajouta-t-il, en se retirant lentement à l'autre bout de la salle, mais je ne vous suivrai pas. — Nous t'y forcerons bien, lui dis-je, en me précipitant sur ses pas. — N'allez pas plus loin, il y va de votre vie.... » ajouta-t-il en disparaissant derrière l'autre draperie de la chambre.

Nous marchons sur ses traces, mais la crainte de tomber dans quelque piége ralentit notre course. Nous l'entendons, à quelque distance de nous, pousser un cri articulé, mais inintelligible, et nous arrivons assez tôt à l'escalier pour voir toute la famille descendre, ou plutôt se précipiter, au-dessus de nos têtes, par le noyau du même escalier, au moyen d'une corde qui le traversait dans toute sa longueur. Arrivés au bas, c'est-à-dire à vingt-cinq ou trente pieds au-dessous du sol, nous nous trouvons dans un vaste souterrain, au centre duquel vient aboutir, à cinq ou six pieds de terre, le noyau de l'escalier.

Ce cachot n'a pas d'autre issue que la porte étroite par laquelle nous venons d'entrer. Bien sûrs que les esprits très matériels que nous poursuivons sont cachés dans ce souterrain, au milieu duquel pendait encore la corde qui les y avait conduits, nous en parcourions tous les coins, lorsque Charles, en approchant sa lanterne de la muraille, y lut ces mots : *Les oubliettes !....* Cet avertissement nous remet en mémoire les vieilles traditions du château, et nous finissons par découvrir, au centre du cachot, la trappe fatale qui s'ouvrait sous les pas des malheureux que la vengeance précipitait jadis dans ce lieu de destruction : il n'y avait pas moyen d'en douter; c'était par-là que s'étaient échappés le gnome et sa famille. Nous n'étions pas tentés de les poursuivre dans cet abyme, et nous nous contentâmes d'amonceler assez de pierres et de décombres sur l'ouverture du gouffre pour nous assurer que les hôtes de la tour ne pourraient y rentrer, du moins par ce passage.

Cette expédition faite, nous remontâmes dans la tour pour y visiter, plus en détail, des lieux où se perpétuait, depuis trois siècles, une famille inconnue à ses contemporains. Ce que nos recherches nous ont jusqu'ici procuré de plus curieux, c'est un manuscrit qui me paraît renfermer l'histoire de cette singulière colonie. En voici l'extrait :

PHILIPPE ET BÉRENGÈRE.

Vers la fin du règne de l'exécrable Louis XI, ce tyran farouche, renfermé dans le château du Plessis-les-Tours, voulant récompenser son compère Tristan de ses bons et loyaux services, lui fit don du domaine et du château des Bruyères. Cet exécuteur émérite des volontés du monstre couronné avait amené avec lui, dans cette retraite, ou plutôt dans ce repaire, une petite fille de treize ans et un jeune homme de dix-huit, que le roi avait confiés à sa garde depuis leur enfance et dont Tristan lui-même ignorait l'origine. Philippe et Bérengère (seuls noms sous lesquels ils aient été connus) vivaient, depuis deux ans, enfermés dans la tour des Archives, d'où ils ne sortaient que pour être représentés à Louis XI, qui venait, à jour fixe, tous les trois mois, s'assurer de l'état de ses jeunes prisonniers.

La dernière visite qu'il leur fit le 20 mars 1482, fut beaucoup plus longue. Le roi les fit dîner avec lui, dans la chambre à coucher de son compère, s'assura de leur progrès dans tous les genres, les combla de caresses qui furent assez mal reçues par le jeune Philippe, et les quitta en disant à Tristan, après avoir baisé l'image de Notre-Dame d'Embrun attachée à son bonnet : *Demain ;.... la poire est mûre.*

Leur arrêt était prononcé ; rien n'en pouvait retarder l'exécution. Le lendemain, à la pointe du jour, Tristan lui-même fit descendre Philippe et Bérengère, attachés l'un à l'autre par un bras, dans le cachot souterrain dont il ne referma la porte qu'après avoir entendu trébucher sous eux la trappe des oubliettes.

Par un miracle que l'auteur du manuscrit explique d'une manière naturelle, l'infernale machine qui devait mettre les jeunes infortunés en lambeaux, les descendit sains et saufs au fond de l'abyme. Philippe que son courage et sa présence d'esprit n'avaient pas abandonné dans ce terrible moment, s'occupa d'abord de détacher son lien ; un hasard plus heureux peut-être que celui de sa chute, lui fit trouver dans la poche de sa soubreveste un petit ustensile de ménage dont il s'était servi plus d'une fois pour rallumer sa lampe pendant la nuit, dans la chambre de la tour. Il en fit usage avec assez de succès pour éclairer un moment le gouffre où il était plongé, et pour fixer l'étincelle bienfaisante dans un petit foyer qu'il alluma au moyen de quelques morceaux de ses vêtements et des débris de végétaux dont ce cloaque était tapissé.

Après avoir rappelé les sens de sa petite compagne, au moyen des gouttes d'eau que la terre laissait transsuder autour d'eux, Philippe et Bérengère en vinrent à regretter que le sort leur eût conservé quelques heures de vie, pour les laisser lentement périr dans les tourments de la faim.

Ils commençaient à en sentir les angoisses, quand Philippe se levant avec fureur : « Il me reste assez de force, dit-il, pour ne pas mourir sans vengeance; » et ce malheureux jeune homme essaie de remonter dans le cachot supérieur, à l'aide de la machine homicide qui les a descendus dans les entrailles de la terre : il y parvient, mais la porte de fer du cachot est fermée; n'aurait-il fait que changer de tombeau? En tâtonnant, sa main rencontre une grosse corde perpendiculaire dont le bout est fixé à un anneau; il s'y cramponne, la détache, et dans le même moment il se sent enlever à une très grande hauteur. A la clarté de la lune, il a reconnu le palier où il se trouve; il conduit à la salle d'armes qui précède la chambre à coucher de Tristan. Philippe y entre, se saisit d'un poignard attaché à la muraille, pénétre sans obstacle par la porte secréte qu'il connaît, jusqu'au pied du lit du monstre qui dort; il le réveille par ces mots : *La poire est mûre*, et le poignarde.

Le coup terrible qu'il a frappé n'a pas interrompu le silence qui régne dans le château; l'intrépide jeune homme en connaît les détours, il va s'approvisionner à l'office des objets dont il a le plus pressant besoin, et court se replonger vivant, à travers les mêmes dangers, dans l'abyme où Bérengère n'attendait plus que la mort.

Heureux d'avoir satisfait sa vengeance, Philippe ne songe plus qu'à sa jeune compagne : l'expérience qu'il vient de faire avec tant de bonheur et qu'ils pourraient répéter ensemble, ne leur laisse cependant aucun espoir de salut; Tristan est mort, mais son odieux fils aussi cruel que son père, mais Louis XI, vivent encore; ils auraient bientôt ressaisi leurs victimes. Cet abyme a conservé leur vie, il en protégera le cours; peut-être existe-t-il quelque issue : c'est à cette recherche qu'ils vont consacrer le temps dont ils n'auront plus que leurs besoins pour mesure.

Ils touchaient à la fin de leurs petites provisions, et Philippe lui-même ne songeait pas sans effroi, à remonter dans la tour pour s'en procurer de nouvelles, lorsqu'en passant dans une espèce de galerie souterraine qu'ils avaient déjà déblayée dans un assez long espace, ils découvrirent un canal en maçonnerie, que Philippe reconnut pour un ancien aqueduc. « Courage, Bérengère, s'écria-t-il, nous sommes sauvés. » Ils l'étaient en effet : après une heure de marche, sous une voûte dont vingt siècles n'avaient pu détacher une seule pierre, ils revirent la lumière au sommet d'une de ces collines dont le lac de Soing est environné.

Dès ce moment leur plan est fait ; le miracle, auquel ils doivent la vie, est pour eux-mêmes la preuve d'une mission divine ; ils ne rentreront pas dans la société des hommes, et ne se feront connaître à leurs semblables qu'entourés du prestige d'une existence surnaturelle. Plusieurs apparitions nocturnes aux bords du lac, au haut de la tour, les ont déjà signalés à la superstition publique. La mort de Tristan, celle de son fils qui ne lui survécut que de quelques mois, la maladie mortelle dont le tyran du Plessis-les-Tours est frappé, sont l'ouvrage de la fée Argine et de l'enchanteur Abriel (c'est le nom que leur donnent les paysans de la Sologne, dont ils sont à-la-fois la terreur et l'amour).

Établis d'abord dans la partie la plus exhaussée et la plus commode de l'aqueduc, ils communiquent à-la-fois dans la campagne et dans la tour des Bruyères, et telle est l'épouvante qu'ils y répandent, que les habitants du château finissent par la leur abandonner tout entière.

Quelques années s'écoulent, pendant lesquelles il est permis de croire que l'amour vint embellir la solitude des deux jeunes magiciens ; car, en poursuivant la lecture de ce manuscrit, on retrouve plusieurs fois Bérengère dansant avec ses deux filles autour du *Chêne des Dames*, à la lueur des feux follets qui voltigent de branche en branche.

La suite de ce grimoire de vingt écritures différentes, la plupart indéchiffrables, ne contient que des notes sans ordre et sans dates, entremêlées de recettes, de formules, de prédictions ; mais cependant on peut encore y trouver la preuve que la famille souterraine, dont Philippe et Bérengère furent la souche, s'est perpétuée sans lacune et sans mésalliance depuis le milieu du quinzième siècle jusqu'à nos jours ; que pendant ce laps de temps elle est restée en possession de la tour du château des Bruyères, d'où je viens de la déloger impitoyablement et sans examiner si ses droits de propriété, moins légitimes que les miens, ne sont pas plus sacrés [1].

---

[1] Cette anecdote, fondée sur une vieille tradition du pays, se trouvait en effet consignée dans un manuscrit que je me souviens d'avoir vu dans la bibliothèque du château *d'Herbeaux*, appartenant à la famille Maurepas. (*Note de l'Éditeur.*)

Cécile, tu ne me reprocheras pas cette injustice quand tu sauras le projet que j'ai formé.... Nous avons aussi nos Tristan et nos Louis XI.... et nous habiterons la tour des Archives!

LETTRE LXXXVI.

CHARLES D'ÉPIVAL A MADAME D'HOUDETOT,
POUR REMETTRE A MADAME DE NEUVILLE[1].

Beauvoir, dix heures du matin, 1787.

Revenez, ma tendre amie, mais ne pressez pas votre retour. Hélas! il n'est plus temps.... madame de Clénord aura cessé de vivre quand vous recevrez cette lettre.... Pauline, par qui je reçois cette affreuse nouvelle, ne l'a apprise elle-même que depuis quelques heures. J'ignore les raisons de M. de Clénord pour avoir caché à tout le monde l'état désespéré où se trouvait depuis huit jours sa malheureuse épouse, mais j'ai su de lui-même qu'il avait fait partir hier mademoiselle d'Obson[2] pour Nice, avec l'ordre de ramener sa fille. On m'assure que des prêtres, du choix de M. de

---

[1] On reconnait encore ici une lacune de plusieurs lettres.
[2] La *gouvernante* de Cécile.

Clénord, se sont emparés des derniers moments de sa femme, et (j'ai plus de peine à le répéter qu'à le croire) qu'on a exigé d'elle, avant de recevoir les sacrements, qu'elle rétractât le consentement qu'elle avait donné par écrit au mariage de Cécile et d'Anatole.

Chaque ligne que je trace déchire votre cœur, je le sais; mais de quoi servirait-il de vous laisser ignorer quelques jours de plus un pareil malheur?.

. . . .

A huit heures du soir.

Elle n'est plus.... Je me hâte de retourner aux Bruyères, où j'ignore comment je m'y prendrai pour instruire Anatole de la perte qu'il vient de faire. Je suis encore forcé de vous faire partager les inquiétudes qu'il me donne : depuis quelque temps l'exaltation de sa tête augmente, et le moindre ébranlement peut altérer sa raison. Hier, avant mon départ, il m'a entretenu sérieusement du projet de conduire Cécile, aussitôt son arrivée, dans la tour des Archives, et d'y mener avec elle la vie de la famille des Bohémiens que nous venons d'en chasser.

P. S. Ci-joint un billet ostensible que vous pourrez communiquer à Cécile.

LETTRE LXXXVII.

MADAME DE NEUVILLE A CHARLES D'ÉPIVAL.

Blois, 1787.

Nous sommes à Blois; l'état de Cécile ne nous permet pas d'aller plus loin. Vous n'êtes pas venu à notre rencontre, mon frère est plus malade, je n'en saurais douter.... Jugez, mon ami, de la situation cruelle où je me trouve; je perds une sœur chérie, et je ne puis m'abandonner à mes propres douleurs.

Votre lettre, en m'apprenant un malheur que je ne ressens pas moins vivement pour y être dès long-temps préparée, ne me laissait pas le choix du parti que j'avais à prendre; il fallait ramener Cécile à Beauvoir, et désormais l'ordre de sa mère pouvait seul la déterminer à quitter la chaumière du pasteur des Pyrénées. Tous ses sentiments sont des passions immodérées; jugez de son amour pour son enfant; quelque chose que j'aie pu lui dire sur le danger qu'il y avait pour elle, à commencer une nourriture qu'elle ne pourrait achever, je n'avais pu depuis cinq semaines l'arracher du berceau de Nathalie, auprès de qui elle remplissait avec ivresse tous les devoirs de la plus tendre mère.

Je lui montrai le billet dans lequel, en m'annonçant le danger de madame de Clénord, vous me disiez qu'elle demandait sa fille.... Cécile ne balança plus; elle passa la nuit entière à baigner son enfant de ses larmes, en invoquant le pardon de sa mère, et dès le lendemain matin elle me signifia qu'elle voulait partir. Ce fut en vain que je fis valoir des considérations de santé qui l'obligeaient à retarder son départ de trois ou quatre jours. « Eh! ma tante, s'écria-t-elle avec l'accent du désespoir maternel, à quoi cela servirait-il? j'irais les passer à la chaumière. »

Nous partons; dès-lors Cécile tout entière à l'idée de sa mère mourante ne pense plus qu'à abréger le voyage; elle fait mettre deux chevaux de plus à notre voiture, double le prix des guides, et nous courons nuit et jour sans nous arrêter un moment.

A mesure que nous approchions, ses larmes coulaient moins abondantes; l'inquiétude dont elle était de plus en plus dévorée en tarissait la source.

Nous arrivons à Blois, j'insiste pour nous arrêter à l'hôtel d'Angleterre, dans la cour duquel j'ai fait entrer la voiture; elle s'y refuse et propose trois louis aux postillons pour la conduire sans dételer à Beauvoir.... Je suis descendue, et, debout à la portière, je la supplie, en pleurant, de venir attendre dans un lieu plus commode qu'on ait changé les chevaux.... La maîtresse de l'hôtel, qui nous a reconnues, s'avance et mêlant ses sollicitations aux miennes : « Venez, mademoiselle, dit-elle en pleurant, vous ne trouverez ici que des cœurs qui connaissent toute l'étendue de la perte irréparable que vous avez faite.... »

« Grand Dieu! ma mère est morte, » s'écria Cécile en s'élançant de la voiture, et tombant évanouie entre nos bras. Nous l'avons transportée dans une chambre où elle n'a recouvré ses sens qu'au milieu des plus violentes convulsions que rien ne peut apaiser.

M. de Clénord, que j'avais fait prévenir, arrive à l'instant même.

LETTRE LXXXVIII.

LA MÊME AU MÊME.

Blois, 1787.

Plus d'espoir! Cécile est perdue pour nous.... La présence de son père a décidé de son sort. L'état où elle était lorsqu'il arriva hier à quatre heures de l'après-midi, attendrit un moment ce cœur de bronze, et la douleur dont sa fille le vit pénétré parut adoucir la sienne. La source des larmes se rouvrit, et les convulsions s'apaisèrent. Elle ne se lassait pas d'entendre parler de sa mère, et sa pieuse douleur recueillait avec avidité les dernières paroles sorties de sa bouche. Croirez-vous que ce père inhumain choisit un pareil moment, pour lui montrer l'écrit fatal dont un prêtre fanatique ou criminel avait fait le gage du viatique qu'il ne voulut administrer qu'à ce prix à madame de Clénord au moment d'expirer?

Après avoir lu ce papier et l'injonction qui le terminait, dans laquelle madame de Clénord conjurait sa fille de renoncer à Anatole et d'épouser le comte de Montford, Cécile regarda son père avec une expression de terreur et de désespoir où j'aurais dû voir la résolution qu'elle allait prendre. Sans exprimer une plainte, elle demanda la permission à son père de se retirer dans sa chambre pour y prendre quelque repos jusqu'au lendemain matin, où nous devions tous ensemble reprendre le chemin du château.

Cécile en nous séparant se jeta dans mes bras, où je la tins quelques moments serrée, et sortit en saluant, mais sans embrasser son père. Pendant les deux heures que je restai seule avec M. de Clénord, j'achevai de me convaincre que cet homme était sans entrailles, et que ma malheureuse nièce allait vivre sous un joug d'autant plus insupportable, qu'elle n'avait plus de mère pour en alléger le poids. J'avais accepté cependant la proposition qu'il m'avait faite de rester à Beauvoir jusqu'à la fin du deuil de Cécile.

En passant devant la porte de sa chambre, qui ne communiquait avec la mienne que par le corridor, j'aurais été surprise qu'elle en eût retiré la clef avant de m'avoir revue, si je n'avais réfléchi qu'elle avait pu craindre que son père n'y rentrât avec moi.

J'étais si horriblement fatiguée de la route que nous venions de faire, et des tourments de cette dernière journée, que, malgré les chagrins et les inquiétudes qui déchiraient mon ame, je dormais encore à sept heures du matin, quand M. de Clénord vint frapper à ma porte, en me demandant si Cécile était chez moi. Effrayée de cette question, je me léva à la hâte. J'entre avec lui dans la chambre de sa fille, elle était sortie : tandis qu'il court interroger l'hôtesse et les gens de l'hôtel, je visite l'appartement, je retourne tous les meubles, et je découvre sous un flambeau dont la bougie avait été consumée tout entière, un billet de Cécile qui portait mon adresse, où je lis ces mots :

« Je n'ai plus de recours sur la terre ; je me réfugie dans les bras de Dieu : je suis en ce moment au couvent de Laguiche ; je n'en sortirai jamais. Pardonnez-moi, ma bonne tante, et n'oubliez pas Cécile *tout entière....* »

Je viens de montrer ce billet à M. de Clénord ; il se rend au couvent, où je n'ai pas voulu l'accompagner.... Adieu, mon ami, plaignez-moi et venez me voir à Champfleury ; je vais m'y rendre. Je suis décidée à ne plus remettre le pied à Beauvoir.

LETTRE LXXXIX.

CHARLES D'ÉPIVAL A VICTOR D'ÉPIVAL [1].

Une heure du matin.

Non, mon frère, non, mon ami, de quelque nécessité que soit en ce moment ma présence à Rennes, je ne saurais même assigner de terme à mon séjour dans les lieux où je suis. Les malheurs d'une famille que je regarde comme la mienne, m'attachent ici plus irrévocablement que n'auraient pu le faire les liens qui devaient m'unir à madame de Neuville, et qui peut-être ne se formeront jamais.

Vous vous étonnez du silence que je garde avec vous depuis deux mois, et vous paraissez croire

---

[1] On a supprimé une partie des lettres de Victor d'Épival à son frère, et l'on n'a conservé que celles de Charles, qui se liaient à l'histoire d'Anatole.

LETTRE LXXXIX.

qu'entièrement absorbé dans mes projets d'hymen, je ne m'en remets à vous des soins de tous mes intérêts de fortune, que pour éviter de me distraire quelques instants du sentiment dont mon cœur est rempli. Pourquoi suis-je obligé, mon cher Victor, d'affliger votre amitié pour justifier la mienne, et de vous prouver que je suis le plus malheureux des hommes pour vous empêcher de croire que j'en suis le plus ingrat? Peu de mots suffiront: les deux mois de silence que vous me reprochez m'ont accablé des coups les plus affreux : madame de Clénord est morte; Cécile s'est jetée dans un couvent, et Anatole près de qui je veille en ce moment a perdu l'usage de sa raison.

Vous n'exigerez pas de moi, mon frère, que je sonde mes blessures ouvertes et saignantes, et que je vous retrace, dans leurs affreux détails, des événements qui ont porté le désespoir dans l'ame d'une femme adorable à laquelle j'allais être uni : vous le dirai-je enfin, la vue des maux que j'ai maintenant sous les yeux, le spectacle effrayant du délire d'Anatole, fait une sorte de trêve à toute autre douleur, ou plutôt les réunit sur un seul objet.... Il me reconnaît encore.... les médecins ne croient pas son mal sans remède, si l'on parvient à l'assujettir à un traitement; mais pour cela, il faudrait qu'on pût le décider à recevoir leur visite, et la réception qu'il a faite au premier qui s'est présenté, n'est pas de nature à encourager les autres....

Il m'appelle : adieu, mon cher Victor ; je vous écrirai pour vous donner des nouvelles de mon malheureux ami. Aimez et plaignez votre frère.

LETTRE XC.

PAULINE A CÉCILE.

Champfleury, 1787

Il est donc vrai, Cécile, tu ne veux point me voir; tu ne veux voir personne; mais suis-je quelqu'un moi? Ne suis-je pas l'amie de ton cœur, la compagne de ton enfance? ne m'as-tu pas appelée cent fois ta sœur?.... Cécile, au nom de l'amitié, au nom de tout ce qui te fut cher au monde, ne brise pas avec tant de cruauté le saint nœud qui nous lie; ne déchire pas le cœur de Pauline; les cruels t'ont causé bien des maux! mais moi, que t'ai-je fait?.... n'as-tu pas toujours été le premier intérêt de ma vie?.... le premier, Cécile!.... et tu pourrais m'abandonner sans pitié, sans remords?.... Non, ce n'est pas ta volonté que l'on m'a fait connaître; non, tu ne m'as pas interdit ta vue!.... Mais cependant c'est madame de Neuville qui me l'assure; elle-même n'a pu pénétrer jusqu'à toi; n'importe, nous nous réunirons; s'il est vrai, comme ton père l'a dit au mien, que tu sois décidée à te faire religieuse, mon parti est pris, je quitterai mon père, ma famille, et j'irai m'enchaîner au pied des mêmes autels où j'ai déja vu mourir une amie.

Cécile, nous n'avons jamais été séparées; dans notre enfance le même berceau nous a souvent réunies; les premiers jours de notre jeunesse se sont écoulés dans ce cloître où tu veux achever ta vie; tu ne m'y attendras pas long-temps.... Madame de Neuville se charge de te faire parvenir ce billet; si tu ne me réponds pas, j'entendrai ton silence.

LETTRE XCI.

CÉCILE A PAULINE.

1787.

Je croyais impossible, ma tendre amie, que rien pût aggraver mes souffrances; ta lettre m'a prouvé que mon cœur renfermait une source intarissable de douleurs : il était donc de ma destinée de faire le malheur de tous ceux qui m'ont aimée....

Lorsqu'à mon retour des Pyrénées (où m'ont retenue des évènements que tu n'as pas dû connaître), j'appris, en arrivant à Blois, que je n'avais plus de mère, et que l'autorité paternelle m'attendait pour m'imposer un joug qu'aucune puissance au monde n'aurait pu me faire subir, je ne pris conseil que de mon désespoir : un amour funeste, invincible, avait causé ma perte et détruit le bonheur de toute ma famille; peut-être, hélas! avait-il conduit ma mère au tombeau; et cependant, juge, Pauline, de l'horreur de ma position; ce n'est qu'au sein de cet amour criminel, source de tant de maux, que j'aurais pu trouver la récompense de mes longues douleurs.

Je m'étais réfugiée au couvent pour éviter de rentrer sous le toit paternel; mais, faut-il te l'avouer? j'y nourrissais l'espoir d'en sortir bientôt, et de confier mon sort à celui qui s'en était rendu l'arbitre. Résolue à ne point voir mon père, j'ai dû dans ces premiers moments me priver du bonheur de te serrer dans mes bras; mais j'étais loin alors de regarder notre séparation comme éternelle. Un dernier coup du sort vient d'achever de briser mon cœur; la raison d'Anatole s'est éteinte dans les angoisses du désespoir. Dès ce jour tout a fini pour moi; j'ai résolu de mettre entre le monde et moi une barrière insurmontable, et j'ai choisi la mort la plus lente pour jouir au moins de mes regrets et de ma douleur: tu en connaîtras toute l'étendue, ma chère Pauline, quand je t'aurai dit que mon amitié pour ma tante et pour toi n'est pas le lien qui me coûte le plus à rompre.

Non, Pauline, je ne sortirai plus des murs où je suis enfermée, et j'attendrai avec impatience la fin de mon noviciat pour m'enchaîner au pied des autels: c'est là seulement qu'il m'est permis de vivre encore.... Mais toi, Pauline, devant qui s'ouvre une si longue carrière de bonheur; toi, l'idole d'une famille chérie, l'espoir d'un amour vertueux, l'ornement d'un monde où tous les succès t'attendent, où tous les hommages te suivron, tu viendrais m'imposer ici le remords d'un crime plus grand que le mien? Oui, Pauline, plus grand que le mien. J'afflige l'amitié, mais je ne l'outrage pas; je quitte un père qui ne m'a jamais aimée; tu abandonnerais un père qui te chérit, et qui voit en toi l'appui, la consolation, l'honneur de sa vieillesse. La vie a perdu pour moi tout son enchantement : Anatole m'est ravi!.... Est-ce à moi de te rappeler que j'ai un frère, et que le même sentiment qui m'éloigne à jamais du monde te fait un devoir d'y rester?.... Ah! si quelque grande infortune devait un jour t'atteindre; si.... (que le ciel te préserve d'un pareil malheur!) si tu avais à jamais à gémir de la perte de la moitié de toi-même, c'est alors, Pauline, mais seulement alors que tu viendrais chercher auprès de moi, dans la retraite où je vais achever mes jours, ces consolations de l'amitié qui ne peuvent avoir d'effet que sur les cœurs éprouvés par les mêmes chagrins.

LETTRE XCII.

CHARLES D'ÉPIVAL A VICTOR D'ÉPIVAL.

Des Bruyères, 1787.

Il ne reconnaît plus personne! Madame de Neuville, qui venait le voir tous les jours, a été témoin avant-hier du plus terrible accès de démence qu'il eût encore éprouvé : elle n'a pu supporter ce spectacle sans s'évanouir; je lui ai fait promettre qu'elle ne viendrait plus chercher ici des émotions dont la violence est au-dessus de ses forces.

Vous vous souvenez, mon cher Victor, qu'en vous parlant d'Anatole, dans toutes mes lettres, je vous l'ai toujours représenté comme un de ces hommes marqués par la nature du sceau de la supériorité, et dont les passions seules pouvaient vaincre la destinée. L'état cruel où il est réduit, loin de changer mes idées à son égard, semble leur prêter une nouvelle force; on dirait que, dans son délire, Anatole abjure volontairement une raison vulgaire, pour se soumettre aux lois d'une plus haute intelligence. Telle est, sur ce point, la préoccupation de mon esprit, que je recueille avec un soin religieux toutes les paroles qui sortent de sa bouche et toutes les pensées qui s'exhalent de son cœur, sans avoir été soumises à la réflexion dont il a perdu l'organe.

Mon malheureux ami, qui ne voit plus en moi qu'un secrétaire que son vieux professeur de philosophie lui a envoyé d'Orléans, a consenti à ce que je couchasse dans sa chambre, pour me dicter, à toutes les heures du jour et de la nuit, ce qu'il a lui-même intitulé *Mémoires d'un Fou*, un jour où il avait encore assez de raison pour s'apercevoir qu'il commençait à la perdre.

Il y avait soixante heures qu'il n'était entré dans son lit; il vient de consentir à se coucher : il dort; son sommeil est calme, et j'en profite pour copier quelques fragments intelligibles de son manuscrit.

MÉMOIRES D'UN FOU.

.... Je suis dans les ténèbres.... Je ressens je ne sais quelle chaleur vive et sombre; mon cerveau brûle, et pourtant ma raison s'éteint.... le flambeau fume encore, il n'éclaire plus !... Malheureux Anatole, tu ne peux même rassembler les débris d'une pensée autrefois puissante, d'une imagination autrefois active; la mémoire m'abandonne, et je me dévore dans la conscience de ma propre destruction....

L'horizon s'éclaircit, les nuages s'effacent!.... Je le revois ce monde que je déteste; une puissance de pénétration, qui m'était inconnue, m'en découvre la profonde stérilité.... Science! esprit! vertu! qu'est-ce?.... rien; le désespoir!

Si je suis, si j'ai vécu, j'ai senti tous les biens, tous les maux de la vie; l'amour!.... l'amour! Pourquoi ce mot, qui réveille en moi tant de ravissement, de douleurs, de voluptés, de regrets même, ne me rappelle-t-il pas son autre nom?.... Elle est là cependant; je l'entends, je la vois, et je ne puis l'appeler.... Elle viendra; que lui dirai-je?.... La pluie qui abreuve le sable aride et brûlant du désert n'y verse pas la fraîcheur et la fécondité..

. . . .

Un génie m'a dit l'autre jour : « Tu feras le malheur de tous ceux qui t'aiment;... tu seras une épouvantable calamité pour l'insensée qui attachera sa destinée à la tienne. » Il mentait; elle est heureuse, et mon cœur nage dans la joie....

D'où vient donc que je pleure?.... Misérable! tu l'as perdue, tu l'as tuée de ta propre main.... Dis au moins dans quel tombeau à fleur de terre tu as placé ses restes.

(Il se lève, et parcourt la chambre à grands pas comme un homme qui entreprend une route.

Après une heure de marche, il s'arrête quelque temps immobile à l'une des croisées qui donnent sur un vaste champ de bruyères, de l'aspect le plus triste; puis il revient s'asseoir et continue à écrire.)

Ces montagnes sont majestueuses, ces forêts sont belles, ces prairies sont riantes; de nombreux ruisseaux les arrosent. Cet œil de l'univers, qui s'ouvre pour lui rendre la vie, offre un merveilleux spectacle : je l'admirais jadis; mais cette gaieté de la nature n'est plus à mes yeux qu'une sanglante ironie, elle insulte à mes peines. C'est un désert, c'est une caverne qu'il faut au lion blessé....

Pourquoi ne pas mourir.... Suis-je un lâche?.... Non; mais j'ai tout oublié; je ne sais plus comment on meurt: pauvre moi!

(Il pose sa plume, appuie sa tête sur ses mains, et fond en larmes.)

L'orage vient de fondre sur la forêt; la foudre a brisé les arbres.... le chêne est frappé, et ne tient plus à la terre que par quelques racines à demi brûlées.

Je mettrai un jour plus d'ordre dans mes pensées; aujourd'hui mes souvenirs sont confus comme des mystères; mes idées se suivent et ne s'enchaînent pas : des images surnaturelles, des fantômes extravagants m'environnent de toutes parts; encore si je pouvais les fixer!.... Je sais seulement que je viens d'atteindre le terme de mes jours.... La mort!

Non, ce n'est point elle encore.... c'est la vieillesse.....
Cependant ma trentième année n'est pas sonnée....
Les passions font des siècles avec des heures.... J'ai
atteint le terme de ma vie....

Quels sont ces deux êtres bizarres qui forment
des danses autour de moi, et me font signe de me
joindre à leurs jeux? Je les reconnais.... c'est le
Temps et l'Espérance. Que me veulent-ils, ces dé-
cepteurs de l'humanité?.... m'aider à supporter la
vie.... Loin de moi cet affreux bienfait.... Ils rient
d'un rire infernal, et me présentent un fantôme
sous un linceul.... C'est elle!.... Qui?.... C'est elle,
vous dis-je.... Quelle blancheur sépulcrale! quelle
immobilité dans tous ses traits!.... Je t'ai laissée
croissant au milieu des fleurs et des songes de l'espérance, jeune, brillante, heureuse, et maintenant....
regarde, je suis changé comme toi-même.... Ses
yeux sont fermés.... elle dort....

(A travers la porte vitrée du cabinet où je vous
écris, je vois Anatole assis sur son lit; le mouvement convulsif dont sa tête est agitée, m'annonce
une crise nouvelle. Je me hâte de fermer ma lettre.)

LETTRE XCIII.

LE MÊME AU MÊME.

Des Bruyères, 1787.

SUITE DU JOURNAL D'UN FOU.

Il semble que notre malheureux ami soit destiné à traverser toutes les phases de la folie. Son dernier accès a été signalé par une bizarrerie qui m'afflige d'autant plus qu'elle est étrangère au délire d'amour qui a troublé sa raison ; cette fois le désordre était tout entier dans sa tête. Ce qu'il y a de vraiment extraordinaire, c'est que dans les pages suivantes, il fait preuve d'un genre d'érudition que je ne lui soupçonnais pas. Serait-il vrai, comme je vous l'ai souvent entendu dire, que cette même affection cérébrale qui nous fait perdre des connaissances acquises, peut quelquefois en développer en nous de nouvelles ?

Quoi qu'il en soit, je connaissais à Anatole tous les dons naturels que le cœur d'un homme peut renfermer, et les plus brillantes facultés de l'esprit ; mais j'ignorais complétement qu'il eût eu le temps ou la patience de converser avec les vieux livres, et qu'il fût érudit.

J'ai lieu de croire qu'un bouquin poudreux, laissé par hasard sur la cheminée de sa chambre à coucher, a fait naître chez lui la série de pensées tristement bouffonnes, dont vous trouverez l'empreinte dans les feuilles que je vous envoie. C'était un livre ascétique de sainte Thérèse, intitulé *la Tour divine*. Anatole passa toute la journée d'hier à lire attentivement ce volume. Je ne jugeai point convenable de le troubler. Cette lecture me semblait plutôt une occupation machinale, qu'un travail de l'esprit, et je me félicitais de voir sa pensée, en se fixant sur un objet, reprendre un peu de calme.

A la fin de ce traité mystique, se trouve une liste fort longue des écrivains ecclésiastiques qui ont traité le même sujet que sainte Thérèse : ce fut là, autant qu'il m'est permis de le présumer, ce qui attira spécialement les regards et causa la méditation de notre pauvre ami.

La voici telle qu'il l'a écrite[1].

---

[1] Cette partie de l'Histoire d'un Fou est à *quelques lignes près, littéralement historique.*

CONVERSATION

AVEC LES IMMORTELS.

« Ah! vous voilà; vous sortez de vos tombeaux; les catacombes littéraires s'ouvrent. Pauvres immortels, que vous avez dormi long-temps! vos contemporains vous encensaient; que de louanges! que de vanité! que de fumée! conquérants d'une gloire éternelle.... plus inconnus que le plus humble artisan de nos villages!

« Mais je veux lier conversation avec vous.... Sortez donc de la poudre érudite, momies ensevelies sous vos propres cendres! Controversistes, annotateurs et annotateurs des annotateurs! grands hommes.... je vous évoque.... paraissez..... Les voilà!

« Je savais bien que ma puissance intellectuelle triompherait de leur sommeil, et que je parviendrais à réveiller leurs fantômes. Je les ai vus tous, rangés en bataillons poudreux; in-folio, in-quarto, in-douze, chargés des honneurs de leur siècle et de l'oubli des siècles. Du sommet de chaque volume s'échappait une tête, ou chauve, ou chevelue, blonde, grise, chenue, chargée d'un mortier, d'un capuchon, d'un froc; tous les costumes du monde, étaient là, devant moi, et mille voix criaient:

« Ma gloire, mon immortalité! moi! moi! moi!

— Qui, vous?

— Nous sommes immortels! je suis immortel!

— Je suis immortel!

— Honneur à mon génie! gloire à ma plume! que la postérité me vénère!

— Vous parlez trop haut et trop vite. Attendez, chacun aura son tour. Que vos immortalités veuillent bien procéder par ordre. Çà, qui es-tu, toi?

— Je suis *Jérôme Tolbius*, *Gretserus*, *Swertius*, *Magirus Bucholcerus*, *Melchior Adam*, *Jean Bullart*, le grand *Poccianti*; je suis *Jason Denores*, *Spizelius*, *Obert Gifanius*, *Christophe Laudicus*; je suis *Bochius*, *Jean Rhodius*, *Pierre Scavenius*, *Flaccus Blondus*, et *Balthazar Boniface*; je suis le docte *Baudius*, et l'érudit *Gaspar Barthius*, et l'admirable père *Goulu!*

— Et tous mortels!

— Immortels! immortels!

— Si j'en connais pas un, je veux être pendu.

— Quoi! tu ne savais pas que le *doux Bochius*, prince de la poésie, a mérité le titre de Virgile II, suivant *Valère André*, à la page 141 de sa Bibliothèque belgique! »

« Je fis signe que non: alors tous ces grands hommes se mirent à crier à-la-fois : « Haro sur l'ignorant! ne connais-tu pas non plus *Bernardin Ochin*, *Sixtinus Amama*, *Joachim Westphale?* La couronne de *Heshushius* et de *Schlupelbergius* est-elle flétrie à tes yeux? N'as-tu pas entendu parler de *Robert Holkot*, d'*Angustin Niplius*, du père *Terillus, Fruterius*, de *Nevizan*? Faudra-t-il te nommer *Jean Daurat, Blondel* l'universel, *Blondellus, Campanella*, et le miraculeux *Jean Gayet*, et *Galeoltus Karisbergius de Hasni*.

— Mais non, messieurs; non, de par tous les diables, personne aujourd'hui ne se doute que vous ayez été.

— Impossible, reprit vivement un in-folio; je suis *Galeoltus Karisbergius de Hasni*. Je suis vieux; mais le génie n'a point d'âge. Le célèbre *Philippe Canonheri*, le grand *Olaüs Borrichius*, le spirituel *Paganinus Gaudrutius*, ne parlent que de moi dans leurs ouvrages.

Que leur destinée vous console; on ne pense pas plus à eux qu'à vous.

— Et moi, moi, le grand Blondel, qu'*Étienne de Courcelles* nomma un prodige de mémoire, un foudre d'éloquence, l'esprit le plus pénétrant de l'univers?

— Et moi, l'une *des immortelles gloires du règne de Charles IX*, moi *Jean Daurat*, dont *Papyre Masson a fait l'éloge!*

— Prodiges, merveilles, astres de votre temps, votre temps est passé.

— Quant à moi, s'écria un gros docteur de Sorbonne, je ne crains rien de pareil. Ma gloire est écrite en caractères célestes. J'ai imprimé contre les hérétiques, la *Fournaise ardente pour évaporer les eaux de Siloë et corroborer le feu du purgatoire.* Vous reconnaissez le grand *Cayet*, l'oracle de toutes les langues, comme disait l'élégant *Antoine Delaval*, en son *Dessein des Professions nobles*, à la page 322. »

« Je me trouvais en face de tous ces amours-propres furieux, auxquels je répondais tour-à-tour: « Non, vous n'êtes pas immortels; vos contemporains ont eu beau vous flatter, vous êtes oubliés, très oubliés; vous reposez comme les rois d'Égypte dans leurs pyramides, au sein de quelques catalogues mortuaires que des savants infatigables ont préparés pour nous. Mais vous êtes pour le reste du monde comme si vous n'aviez pas existé. Vous avez beau secouer vos bannières, sur lesquelles je lis les régions qui vous ont vus naître. *Gamurrini, Pierre Betussi,* grands Italiens, l'univers ne s'embarrasse pas de vous.

— Mais moi, *Stephano Guazzo!*
— Inconnu! »

« Un petit homme bien paré s'approcha de moi d'un air pédant et écervelé qui tenait du grammairien et du poete.

« Je suis le *Béni :* eh bien! *la Crusca* se débat-elle encore? Ai-je assez convaincu ses académiciens d'ignorance? Le grand *Baillet* a eu tout-à-fait raison de me promettre une place dans l'avenir, comme au défenseur de la langue Italienne. *Tomasini* m'a aussi rendu justice, en disant que j'étais connu du monde entier, ainsi que vous le verrez en son premier éloge, page....

—Bon Dieu! l'ami, ne triomphez pas si fièrement; la *Crusca* est oubliée; votre nom l'est davantage....

— *Per Bacco!* interrompit un cardinal petit-maître! comment cela ne serait-il pas? il faut être comme moi, poëte et philosophe pour vivre toujours. Les ouvrages qu'on n'oublie pas, ce sont, par exemple, mes *Discours Azolains*. Vous savez qu'on en a fait cinq éditions; on n'a parlé que de mes livres; ils étaient dans le boudoir de toutes les femmes. Ah çà! je vais les réimprimer; que vous semble de l'entreprise?.... »

«.... Pour toute réponse je lui tournais le dos, quand un autre s'approcha de moi. C'était un gros homme, aux sourcils épais et noirs, à la barbe grise, que suivait un petit chien noir et blanc.

—A ce petit chien seulement vous auriez dû me reconnaître; l'univers s'est occupé de mon chien. J'avais, de mon temps, la réputation d'être un si grand homme, qu'on voulait absolument que ce petit chien fût le diable. C'est ce que mon domestique Wyer, à qui j'appris le latin, a eu soin de consigner dans ses Mémoires. S'il faut, après cela, vous décliner mon nom, je suis *Cornelius Agrippa*.

—Ah ! oui; vous êtes ce fameux *Cornelius Agrippa* que l'on faillit brûler cinq ou six fois comme sorcier; auteur du traité de *Vanitate scientiarum ;* supérieur à votre siècle; et pourtant oublié du nôtre, comme tous ces messieurs. »

« A ces mots, prononcés avec humeur, le concile littéraire devint un théâtre de tumulte.

« Apaisez-vous ! apaisez-vous ! N'avez-vous pas joui, pendant votre vie, de la renommée qui vous revenait? la postérité est juste.

— Ah ! ah ! ah ! s'écria un jeune homme, vêtu à la Louis XIV, et qui se barbouillait le nez de tabac; mes pauvres auteurs, il faudra que je mette en sonnets la gloire de vos mésaventures et les mésaventures de votre gloire : ce sera curieux !

— Je te connais, beau masque : tu t'appelles *Benserade;* si je m'en souviens, tu étais un bel esprit.

— Qui en douterait? j'ai, comme l'a très bien dit Perrault, ajouté un nouveau genre à la poésie antique; et Pélisson, en me décernant la palme immortelle que j'ai méritée, m'appelle *l'égal des anciens, sans être leur imitateur.* Eh bien ! mon cher ! mes rondeaux sont-ils toujours lus? Que préférez-vous, de *Job* ou d'*Uranie?* Vous vous taisez; je vois que vous êtes *uranien :* c'est cependant le parti du mauvais goût.... Cette pédante duchesse de Longueville tenait aussi pour les *uraniens* contre le prince de Condé. »

(Ici, comme fatigué d'avoir conduit pendant long-temps, dans une direction presque conforme aux lois de la raison, le fil de sa pensée errante, notre ami a, tout-à-coup, interrompu sa prosopopée érudite, et dessiné, sur un feuillet blanc, plusieurs têtes de docteurs environnées d'une auréole ; il a écrit ensuite au sommet d'une page blanche, en caractères d'une dimension énorme, le mot

GLOIRE

et continué à la page suivante.)

« Allons, défile devant moi, bon *Philippe Bérauld*; prouve-moi par témoins que tu as dépassé, en fait de génie, les facultés humaines, et cite, pour me convaincre, une phrase où Érasme, le Voltaire des théologiens, te donnait l'immortalité.

« Montre-toi, *Gaspard Barthuis*, suivi d'un immense tombereau chargé de livres et portant cette inscription de Bayle : « L'imagination est étonnée « du grand nombre de ses ouvrages. Je ne sais si « ceux qui blanchissent dans la poudre d'un greffe « ont écrit autant que lui.... » Et ces mots plus magnifiques encore de Scaliger : « *Il est né un génie pour l'immortalité; c'est Barthuis.* »

« O mes amis, rions de l'immortalité de *Philippe Bérauld!* rions du sublime génie de *Barthuis* et de la pompeuse formule employée par le grammairien *della Scala*....

« Mais une bande d'écrivains anglais, commandée par un nommé *Sackville* et le grand *John Lily*, s'approche de moi fièrement. *Sidney*, auteur de l'*Arcadie*, sort des rangs pour aller donner la main à l'auteur français de l'*Astrée*. Tous deux également vantés de leur temps, sont tombés dans une obscurité semblable. Je vois passer devant moi *Jean Wallis, Guillaume de Malmesbury, Cambrensis,* poète, historien, savant et philologue; le fameux *Reboul*, qui paya les pasquinades de sa vie et qui fut décapité à Rome; *G. Bigot*, le *roi des philosophes; Théodore Gaza, Jean Camerarius, Joseph d'Exeter, Barclai,* si célèbre dans son temps, que les femmes même se disputaient la gloire d'avoir lu ses œuvres, et pourtant l'originalité, l'audace de sa pensée, n'ont pu le garantir de l'obscurité fatale où il est plongé. Foule illustre, vous êtes engloutie dans le même oubli : la littérature, comme l'Océan, a renouvelé mille fois ses vagues depuis votre mort!

. . . .

« Vont-ils me tuer? Quelle fureur respire dans leurs regards! J'aperçois dans un coin *Scioppius*, le chien de la grammaire, tout prêt à me lancer à la tête un de ces in-folio que l'infaillible pape Urbain VII décora d'un beau bref, *au roi des érudits*. Je vais essayer les forces de mon éloquence, et tâcher de calmer leur courroux.

« Messieurs, grands hommes, génies sublimes, magnifiques écrivains, je n'ai pas eu la pensée de rabaisser vos sublimités. Loin de moi l'idée téméraire de récuser vos titres de gloire! Je sais tout le mal que la plupart d'entre vous se sont donné pour atteindre à l'immortalité. *Castellan* que voici ne buvait ni ne mangeait : il s'enveloppait la tête d'une vieille couverture, dormait trois heures, et se remettait au travail. *Scioppius* a fait de même pendant plus de quarante années. Vous avez tous construit, en votre honneur, des pyramides de livres. Hélas! je vous cite des faits : ces monuments sont en ruines : on ne lit plus même *Jean Bodin*, homme d'esprit et d'érudition, que l'on a long-temps regardé comme un ange plutôt que comme un homme; encore moins le célèbre *John Lily, le Sans-Pareil* (*the Unparalleled*), ni *Siméon de Burham*, ni *Benoît de Saint-Pétersbourg*, ni *Jean Harvil de Saint-Alban*....

« Le haro devient général....

— C'est fort bien, reprit aigrement un poète italien que je reconnus pour être le cavalier Marin; mais enfin, monsieur, l'immortalité n'est pas une chimère. Indiquez-nous, vous qui vous montrez si difficile, les moyens de l'acquérir ou de la conquérir. Quoi! il ne reste plus un seul souvenir des écrivains des siècles passés!

— Je te réponds à toi qui sembles parler raison. Eh bien! sage rimeur, apprends que toutes les immortalités nuisibles ou inutiles aux hommes sont nulles. Venez pour apprendre à ces pédants ce que c'est que la véritable gloire: Grotius, restaurateur du droit politique; Montaigne, observateur si vrai; Dante, qui as stigmatisé dans ton enfer les crimes d'un temps barbare! Voltaire, Montesquieu, Rousseau, vous tous, lumières du monde, à qui nous devons le sort moins affreux de nos enfants et de nos femmes; génies qui avez dominé par la pensée, et laissé aux pédants le soin de la phrase et le choix de la citation! Mais vous, théologiens subtils, scolastiques armés d'arguments, immortels d'un jour, d'une heure, allez, retombez dans le néant qui vous appartient! »

« Attendez.... Qui êtes-vous, mon révérend père? sous cet habit de moine votre démarche a de la grace; vous parlez en vous écoutant, mais votre voix est si douce.... si douce....

— J'aurais tort d'attacher beaucoup de prix à une célébrité acquise par trop de malheurs. Vous voyez en moi Pierre Abélard. Ma lutte avec Bernard, l'Europe attentive à ma gloire, mon explication sur le mystère de la Trinité, l'explication qui la suivit; toute ma vie est trop connue pour que je vous en entretienne.

— Abélard! toi que l'amour d'Héloïse a rendu

célèbre à jamais! Amant malheureux! que je te presse sur mon cœur : tes seules amours font ta gloire. Viens me dire combien elle t'aimait, combien tu l'aimais.... Comme moi.... »

(*Ici se termine le manuscrit; les traces des larmes d'Anatole en ont effacé les derniers mots.*)

LETTRE XCIV.

LE MÊME AU MÊME.

Des Bruyères, 1787.

SUITE DES MÉMOIRES D'UN FOU.

A mesure que mon malheureux ami traçait ces pensées, tantôt empreintes d'une folie complète, tantôt de cette espèce de délire que l'on pourrait nommer la démence de la raison, il avait soin de disperser les fragments de papier sur lesquels il avait écrit. Il s'aperçut un jour que je me baissais pour ramasser un de ces morceaux, qu'il avait jeté avec dédain; il m'arracha ce papier qu'il mit en pièces : « Cela ne vaut rien, me dit-il; ce début est indigne de la cause que je défends; c'est au jury de l'humanité, c'est aux législateurs de toutes les nations que je m'adresse. »

Alors, prenant une attitude grave, debout, au milieu de la chambre, la voix forte et accentuée, il me dicta ce que je vous transcris.

« Magistrats, vous voilà rassemblés dans cette enceinte pour me juger. Vous m'accusez d'un crime; je me défendrai, j'invoquerai la nature, et, d'un pôle à l'autre, je ferai retentir sa voix terrible.... Je l'aimais, j'en étais aimé; c'est à ce titre que nous avons reçu l'existence; telle était notre destinée, nous l'avons remplie.

« Magistrats de tous les temps, bourreaux de tous les siècles, qui vous a donné le droit de l'arracher de mes bras? Pourquoi venez-vous jeter vos sceptres et vos tortures entre elle et moi?.... Vous avez menti à votre conscience, vous avez outragé la nature; que sa malédiction retombe sur vos têtes!!!... Ordonnez seulement qu'elle paraisse, et vos yeux verseront des larmes de fer.... Vous m'opposez les liens du sang!.... Eh bien! oui.... c'est mon épouse, c'est ma sœur!.... J'unis, dans mes sentiments, tout ce que la tendresse fraternelle a de plus pur, tout ce que l'amour a de plus ardent....— La mort à l'amant incestueux! la mort au séducteur de l'innocence!.... Le ciel le condamne, la société l'accuse, et la loi le punit....— Vos lois, votre honneur, votre justice.... toutes jongleries de fripon.... Hommes justes et sensibles, vous ne voulez que mon sang? hâtez-vous, ouvrez mes veines, désaltérez la soif qui vous dévore!.... Après tout, le monde, la vie, la douleur, le plaisir, la mort, qu'est-ce?.... Le coupable, c'est Dieu! et son crime est d'avoir fait éclore le monde....

On veut que je t'adore, toi qui créas les hommes pour se tourmenter, pour se hair.... toi qui laisses le crime en paix et persécutes l'innocence.... on veut que je t'adore!.... Je ne suis pas ingrat, mais quel bienfait ai-je reçu de toi? l'existence.... qui te l'a demandée?.... qui t'a dit que j'en voulusse.... Le patient sur la roue a-t-il choisi son supplice?.... Tiens, voilà le cas que je fais de ton présent....»

En prononçant ces mots, l'infortuné s'armait de tout ce qu'il trouvait sous sa main, et se serait tué cent fois si je n'avais surveillé tous ses mouvements. Devenu plus tranquille, il me regarda quelques moments en silence, et voyant que je pleurais....

« Tu pleures aussi, tout le monde pleure.... Chut.... écoute.... entends-tu les plaintes du monstre!.... c'est l'univers.... *« Je me dévore, je vis de mes ruines, je me nourris de ma destruction. »* De quoi te plains-tu? C'est ton existence que la mort.... ton état permanent, celui vers lequel tendent toutes choses; c'est le néant, seul il est réel, seul il est durable.... Ne vois-tu pas que la vie est un état contre nature.... Taisez-vous; donnez-moi le bonnet de docteur, car je parle aux philosophes.... »

A ces déclamations effrénées succédaient les éclats d'une joie plus effrayante : il riait, il chantait, et tout-à-coup, se croyant transporté au fond des Indes, il voulait aller à la pagode où l'attendait Laméa.

J'ai observé que c'est le seul nom propre dont il se soit souvenu jusqu'à ce moment. Le docteur à qui j'ai fait part de cette remarque, pense que le nom de Cécile, que j'ai toujours évité de prononcer devant lui, pourrait produire dans ses idées une révolution salutaire; je ne le crois pas.... j'essaierai pourtant.

Croirez-vous, mon cher Victor, que je me reproche quelquefois les vœux que je forme pour la guérison d'un ami si tendrement aimé, quand je songe à quel supplice le rendrait le retour de sa raison; hélas! j'aurais à lui rendre compte d'un nouveau malheur; son vieux père a cessé de vivre; madame de Neuville vient de m'en donner la triste nouvelle.

LETTRE XCV.

LE MÊME AU MÊME.

Des Bruyères, 1787.

SUITE DES MÉMOIRES D'UN FOU.

L'essai que j'ai tenté n'a pas été infructueux; mais je tremble qu'il n'ait produit un effet contraire à celui que les médecins en espéraient. Le nom de Cécile, prononcé par moi dans un moment où Anatole gémissait de l'avoir oublié, en ramenant sur un seul objet toutes ses idées en désordre, leur a donné ce caractère de fixité qui constitue la plus dangereuse des folies. Depuis ce moment, plus de fureur, plus de cris, plus de larmes; il a retrouvé le nom de Cécile; elle lui est rendue; il la voit; il cause avec elle; il écoute, et donne ensuite la réplique à des réponses imaginaires. Il s'est remis à écrire, et lui-même a tracé les bulletins de sa maladie dans les nouveaux fragments que je vous envoie.

LETTRE XCV.

« Cécile! Cécile! Cécile!... nous voilà donc réunis.... Comment auraient-ils pu s'y opposer; n'avons-nous pas les ailes des anges?... tu en avais déja la grace et la beauté.... C'est toi! c'est encore toi.... ah! oui, c'est toujours toi; pose ta main sur mon cou; enlace moi plus fortement, et prenons notre essor.... Quelle gloire! quelle extase!...

« Tu as raison, Cécile.... il faut l'instruire de notre bonheur.... mais comment s'appelle-t-il? N'importe, je me souviens que je l'aimais.... tu mettras l'adresse.

« Reviens vite, mon cher ami; c'est demain; je l'ai vue;... elle m'a dit oui; Cécile, entends-tu bien? Cécile était au-dessus de moi.... là, du côté de cette fenêtre d'où l'on découvre les bords riants et funestes de la Loire; son corps, plus léger que l'iris, plus suave que la rose.... elle m'arrête; son doigt placé sur la bouche, elle me recommande le silence.... mais pourquoi le silence? tu sais tout, l'univers sait tout.... Accours, l'autel est paré;... tu tiendras toi-même sur la tête de la jeune fiancée le voile de plomb.... Je dois t'en prévenir, je crains un grand tumulte;... tandis que nous serons au temple, si le tonnerre allait tomber.... quel sujet de rire!... l'église en ruines, le prêtre renversé, Cécile mourante.... Cécile! Cécile!... ils l'ont tuée.... qui l'a tuée?...

* Et neque jam color est mixto candore rubori. »

Ces bizarres, ces épouvantables paroles qu'il m'adressait, furent suivies de la citation suivante d'un ouvrage sur le tremblement de terre de Catane, par Rezzonico, qu'Anatole avait copiée tout entière.

« On plaindra toujours ces malheureux amants; ils devaient se marier le lendemain; mais à l'aurore de ce jour qui devait précéder celui de leur bonheur, l'inondation qui annonça le tremblement de terre, commence; l'habitation de la fiancée, de la belle Casima, est menacée par les vagues. Properce accourt, saisit celle qu'il aime, et veut la sauver. Chargé de son précieux fardeau, il essaie de le déposer sur une barque voisine du rivage; mais au même instant tout s'ébranle; la terre s'élève, et jette les deux amants réunis sur un des rescifs de Scylla. Properce a couvert, a garanti par la force de ses étreintes, le corps de celle qu'il aime : elle vit; elle le regarde; elle couvre son visage de larmes et de baisers.... Non, il est mort; plus d'espoir; ses bras si faibles entraînent vers le bord de l'abyme les tristes restes de tout ce qu'elle aimait; elle les tient pressés contre sa poitrine, s'élance et s'engloutit avec eux dans l'abyme. »

A la suite de cette citation, une foule d'idées incohérentes, où les noms de Cécile et de Casima se trouvaient sans cesse confondus, s'agitaient sans liaison, et attestaient trop visiblement que la puissance de son unique pensée ne servait qu'à précipiter la ruine entière de sa raison.

Anatole avait écrit par *post-scriptum* au bas de cette lettre :

« Prends-moi dans tes bras, Casima ; serre-moi sur ton sein.... Entends-tu la vague qui gronde ? elle mouillera tes habits de noces. Ne crains rien, Cécile, du courage ; je suis plus fort que la tempête. »

Vous croyez, mon chère frère, qu'un voyage à pied en Suisse, ou dans les Pyrénées, pourrait avoir une heureuse influence sur la santé d'Anatole, et qu'une grande fatigue de corps pourrait ramener le calme dans son ame ; j'y avais pensé moi-même ; mais depuis, j'ai acquis la malheureuse conviction que le moindre déplacement le rendrait furieux, et qu'il a besoin de la présence des objets matériels qui l'entourent pour ne pas se livrer à des transports frénétiques dont sa mort serait infailliblement la suite. Je n'attends plus rien que du temps, de mes soins, et peut-être même des derniers excès de la passion funeste qui a bouleversé son être.

LETTRE XCVI.

LE MÊME AU MÊME.

Des Bruyères, 1786.

Quelle scène horrible, mon cher Victor! et, dans l'accablement où je suis, comment vous rendre compte d'un événement fatal que toute la prudence humaine ne pouvait prévoir et qui met en ce moment la vie d'Anatole dans le plus grand danger?

Avant-hier, plus calme que je ne l'avais vu depuis long-temps, il s'était couché de bonne heure; on avait placé sur sa table une écritoire, des plumes, du papier; il y avait tracé des phrases plus incohérentes, plus inintelligibles que jamais.... trois fois j'étais entré dans sa chambre : ses paroles n'avaient plus aucun sens distinct, il me sembla seulement que les mots *mariage, bonheur, fiançailles*, s'y représentaient plus fréquemment que de coutume, sans pourtant se rattacher à aucune idée suivie.

J'avais reçu le matin une lettre de madame de Neuville qui m'annonçait la prise d'habit de sa niéce.

Instruite de la démence d'Anatole, elle avait abrégé le temps de son noviciat et obtenu une dispense d'âge pour prononcer ses vœux : madame de Neuville me prévenait qu'elle se rendrait le lendemain à Blois pour assister à cette triste cérémonie, où elle devait pour la dernière fois tenir lieu de mère à la pauvre Cécile. Elle ne croyait pas avoir besoin de me recommander le secret avec son malheureux frère : on l'avait également caché à sa jeune amie, mademoiselle d'Amercour, qui avait tenté plusieurs fois d'aller rejoindre Cécile au couvent.

Après avoir passé une grande partie de la nuit dans les plus cruelles réflexions, j'avais succombé à la fatigue morale et physique de cette journée, et vers quatre heures du matin je m'étais profondément endormi.

Je suis éveillé par le bruit que fait Lambert en entrant violemment chez moi et en criant : *M. Anatole est parti! M. Anatole s'est sauvé!....* Je me précipite dans sa chambre; la fenêtre qui donne sur la forêt est ouverte, et un bout de corde qui tient encore au balcon ne me laisse point de doute qu'il n'ait pris ce chemin pour s'évader.... Qu'est-il devenu? où le chercher? Tandis que j'envoie Lambert prendre des informations au-dehors, je visite sa chambre, et en jetant les yeux sur sa table, je lis ces mots écrits avec beaucoup de recherche, sur une feuille de papier à tranche dorée : « Le voilà donc arrivé ce jour de bonheur suprême.... Cécile est parée de sa robe nuptiale, ses yeux s'élèvent doucement vers les miens, et la félicité des anges vient inonder mon cœur.... Elle m'attend à l'autel pour me proclamer à la face du ciel le plus heureux des hommes... l'encens fume... le prêtre entonne l'hymne sacrée.... encore un moment, un seul moment, je pourrai dire à toute la terre : *Elle m'appartient*.... Entendez-vous le son des cloches? c'est moi qu'elles appellent.... »

Il s'était interrompu à cet endroit; et tous ses vêtements en désordre, jetés au milieu de sa chambre, annonçaient qu'il s'était revêtu à la hâte de ses plus beaux habits.

Lambert revient; son maître a été vu près du grand étang par un des bergers de la ferme à qui il a demandé le chemin de....; il est paré comme pour une fête, il a un bouquet de bruyères au côté; le berger n'ayant pas voulu quitter son troupeau pour le suivre, il a repris sa course en se guidant sur le bruit des cloches qui sonnaient encore ...

En rapprochant ces circonstances des dernières lignes qu'il avait tracées, je ne doutai plus qu'un inconcevable instinct n'eût dirigé ses pas vers les lieux où Cécile devait ce jour même consommer son sacrifice. Je monte à cheval et je vole après lui; j'arrive à la porte de l'église du couvent, où j'ai beaucoup de peine à pénétrer à travers la foule qui s'y trouve rassemblée. Je parviens cependant jusque dans l'enceinte du chœur réservée aux parents, et j'y trouve madame de Neuville à qui je fais part de mes vives inquiétudes. Depuis près de deux heures qu'elle est dans ce lieu, elle n'a rien vu, et sans doute le malheureux Anatole, appelé par le son des cloches, est entré dans l'église de la paroisse. J'en avais eu l'idée, et j'avais chargé Lambert d'aller y prendre des informations, et de venir me rendre compte au couvent de ce qu'il pourrait apprendre.

Cependant la funèbre cérémonie était commencée; les prières préparatoires achevées, la porte intérieure du couvent s'ouvre, et Cécile, belle de la beauté des anges et parée de ses vêtements de ville, entre conduite par l'abbesse et le prélat qui allait recevoir ses vœux: elle s'était approchée de sa tante, et lui demandait, pour se conformer aux rites, la permission de se séparer à jamais du monde.... Tout-à-coup un jeune homme s'élance dans l'église, renverse tout sur son passage, et avant que personne ait eu le temps de s'opposer à son action impétueuse, il entre dans le chœur, qu'il fait retentir de cris de joie à la vue de Cécile, vers laquelle il se précipite, et qu'il porte mourante sur les degrés de l'autel.

Comment vous peindre le trouble, la confusion répandus dans le sanctuaire? Les religieuses s'enfuient épouvantées; les prêtres invoquent la vengeance du ciel et de la terre contre l'impie, et je n'arrête un moment la fureur populaire qu'en montant sur ma chaise, et en criant de toutes mes forces : « C'est Anatole de Césane; c'est l'oncle de la novice.... Il a perdu la raison.... » En disant ces mots je cours à lui, et je veux l'entraîner hors de l'église; mais l'infortuné, qui ne me reconnaît pas, laisse tomber Cécile évanouie sur le marbre qu'elle ensanglante, et se saisissant d'un chandelier sur l'autel, vient pour me frapper; je détourne le coup, je le saisis dans mes bras. Aidé de quelques habitants et de Lambert qui m'a rejoint, je veux l'arracher du lieu saint; mais sa fureur redouble lorsqu'il s'aperçoit que les prêtres qui ont relevé Cécile la transportent dans l'intérieur du couvent, où ils se renferment avec elle. Une sorte de douleur frénétique s'empare d'Anatole : accablé par le nombre, il brave, il blesse, il renverse tout ce qui l'entoure, et je ne suis plus occupé qu'à le soustraire à la vengeance de la foule d'ennemis qu'il a si cruellement provoquée. Je détourne une partie des coups qui lui sont destinés, mais je ne puis empêcher qu'il ne soit atteint : son sang coule à grands flots; il tombe.... La colère des assaillants se change en pitié, et ceux même qu'il avait blessés m'offrent leur secours pour le transporter aux Bruyères sur un brancard que l'on fabrique à la hâte.

Depuis cet affreux événement, le malheureux, couvert de blessures profondes, n'a point encore repris ses sens. Je ne puis croire que de tant de coups il ne s'en trouve pas un mortel; c'est cependant l'avis des hommes de l'art, et particulièrement d'un des plus habiles chirurgiens de France qui a mis le premier appareil sur ses blessures.

Vous ne serez pas surpris, mon cher Victor, que je n'accompagne mes dernières lettres d'aucune réflexion; il est des maux qu'il suffit de raconter pour les faire partager à ceux qui nous aiment.

LETTRE XCVII.

MADAME DE NEUVILLE A CHARLES D'ÉPIVAL.

Montfleury, 1786.

Je reviens du couvent où je n'ai pu obtenir la permission de voir ma nièce, quelque démarche que j'aie faite auprès de l'évêque. J'ai voulu faire valoir comme un droit que, la cérémonie de la prise de voile n'ayant pas été achevée, Cécile n'était que novice, et qu'en cette qualité elle pouvait encore réclamer les soins d'une mère ; on n'a point eu égard à mes vives sollicitations, et j'ai dû me borner à des conférences au parloir avec l'abbesse qui, en me rassurant hier sur la santé de cette malheureuse enfant, m'a déclaré qu'elle avait ce jour même pris l'habit de professe, et que dorénavant toute communication à l'intérieur lui était interdite. Il paraît qu'elle n'a été que très légèrement blessée dans sa chute à l'église, et que l'état où elle a vu Anatole, loin d'ébranler sa résolution, l'a déterminée à se séparer pour jamais d'un monde où elle venait de voir s'éteindre la dernière lueur de l'espérance qui l'y attachait peut-être encore.

Comment un pareil spectacle n'aurait-il pas produit sur elle l'effet qu'il a produit sur moi-même? Accablée comme elle sous le poids de tant de malheurs, non, mon cher Charles, je ne balancerais pas à suivre son exemple, si je ne tenais encore au monde par les sentiments que vous m'inspirez et dont vous êtes si digne.

Votre messager d'hier semble me préparer à la perte de mon frère. Hélas! elle est consommée et j'ai déja pleuré sa mort.

LETTRE XCVIII.

CHARLES A MADAME DE NEUVILLE.

Des Bruyères, 1787.

Accourez, ma tendre amie, pour être témoin d'un miracle.... Anatole a recouvré la raison.... Depuis deux jours j'en ai acquis la preuve, mais j'aurais craint en vous en prévenant plus tôt, de vous donner une fausse joie que sa présence aurait pu détruire.... Venez, il vous attend, et c'est lui qui trace les derniers mots de ce billet....

« Viens, ma chère Émilie, viens encore une fois mêler tes larmes à celles de ton malheureux frère. »

LETTRE XCIX.

CHARLES A VICTOR.

Des Bruyères, 1787.

Qui m'eût dit, mon cher Victor, lorsque je fermais ma dernière lettre, où je vous rends compte d'un événement dont il me semblait impossible que la mort d'Anatole ne fût pas la suite; qui m'eût dit que j'aurais à vous annoncer vingt jours après, non seulement la guérison de son corps, mais le retour de sa raison ! Je ne cherche pas plus à m'expliquer dans cette circonstance l'excès de ma joie, que le prodige dont je viens d'être témoin : ce qui devait le tuer a conservé ses jours; ce qui devait éterniser sa folie, lui a rendu son bon sens : ce sont des faits inconcevables, dont je suis heureusement forcé de reconnaître l'évidence.

Les coups les plus dangereux qu'Anatole ait reçus dans l'effroyable tumulte qu'il avait excité, avaient porté sur la tête; la saignée fut le seul remède que l'habile docteur Marcet jugea à propos d'employer, mais il le réitéra si souvent, que pendant trois jours le malade épuisé n'a donné d'autre signe de vie, qu'une faible respiration que je croyais toujours au moment de s'éteindre: une semaine entière s'était passée dans cette espèce de léthargie, pendant laquelle j'avais cependant observé que sa respiration s'élevait insensiblement, et que les yeux du mourant s'étaient plusieurs fois entr'ouverts.

Jeudi matin je m'étais assoupi sur une chaise longue, auprès de son lit, et je tenais ma main dans la sienne: je sens qu'il la presse, je m'éveille en sursaut: jugez de mon étonnement, ou plutôt de mon effroi; Anatole avait soulevé sa tête, et ses yeux étaient fixés sur moi avec l'expression la plus vraie du sentiment qu'il devait éprouver.

« Mon ami, me reconnais-tu? lui dis-je en le pressant dans mes bras.

— Oui, Charles, répondit-il, et cette question me prouve que ce n'est point un long rêve que je viens d'achever. »

Le docteur entra au moment même et parut moins surpris que je ne l'avais été, de ce que j'appelais le miracle de son art.

« Je n'ai d'autre mérite, dit-il, que d'avoir mis la nature aux prises avec elle-même, et d'avoir profité de l'occasion pour éloigner le sang du cerveau où il portait le ravage; mais, ajouta-t-il plus bas, ne nous pressons pas de chanter victoire, et faisons en sorte que notre cher malade ne meure pas guéri. »

Puis s'adressant à Anatole qui voulait déja multiplier les questions :

« Vous ne saurez rien, vous ne devez rien savoir, lui dit-il, si non que vous avez été dangereusement malade de corps et d'ame, et que vous avez besoin de revenir très doucement à la vie, si vous ne voulez tomber au premier pas. »

Il fut donc convenu avec lui-même qu'il n'essaierait l'emploi de ses facultés intellectuelles, qu'à mesure qu'il rentrerait en possession de ses forces physiques :

« Songez, ajouta le docteur, que je prescris pour quelques jours encore la diète et le silence absolus, et que c'est vous, M. Charles, qui répondez de sa soumission à ce régime. »

Le docteur m'avait inspiré tant de confiance, que je suivis son ordonnance de point en point, et que je passai quarante-huit heures au pied du lit d'Anatole, sans répondre autrement que par signe aux questions toujours plus raisonnables qu'il m'adressait. Depuis hier, j'ai obtenu la permission de m'assurer, dans un court entretien, en présence du docteur et de madame de Neuville, que la guérison d'Anatole était complète. Ce qu'il y a de plus incompréhensible dans le mystère physiologique de sa résurrection c'est que, à l'exception de la scène du couvent, nous l'avons trouvé instruit de tous les événements qu'il n'a pu apprendre que pendant sa démence : il sait que son père est mort, que Cécile est religieuse, et que la connaissance de l'état où il était réduit a pu seule la déterminer à mettre entre eux une barrière éternelle.

S'il est vrai, comme il le dit, qu'il ait été rappelé à la vie et à la raison par le besoin de sentir tout son malheur, sa convalescence sera longue et la raison qu'il a recouvrée ne sera désormais pour lui que la conscience de ses maux.

LETTRE C.

LE MÊME AU MÊME.

Des Bruyères, 1787.

La noire mélancolie dans laquelle Anatole est tombé est si loin d'être, comme vous paraissez le croire, mon cher Victor, la conséquence ou la continuation de la maladie mentale qu'il a éprouvée, qu'elle est produite, au contraire, par l'effort de sa raison qui n'admet aucune des illusions de l'espérance ; il touche à peine à sa trentième année, et les jours si nombreux dont la nature le menace encore ne lui présentent que l'image prolongée de la fatigue et du désespoir.

J'essaie quelquefois de le réconcilier avec sa destinée, et de lui prouver contre ma propre conviction qu'il n'est point d'éternelles douleurs; il m'arriva d'invoquer à ce sujet le précepte et l'exemple de Sénèque, du philosophe qu'il préfère à tous les autres :

« Je vois bien, me répondit l, que Sénèque a

consolé ses disciples et ses valets, mais je ne vois personne qui ait consolé Sénèque. » Quand je veux lui montrer le temps comme un infaillible consolateur :

« Aussi tu vois que j'attends, me dit-il, avec un calme dont je puis seul apprécier la violence. »

Il a lu la dernière lettre que vous m'avez écrite, dans laquelle vous insistez sur la nécessité de mon voyage à Rennes.

« Je sais trop bien, me dit-il, quels obstacles se sont opposés jusqu'ici à ton départ; mais ils n'existent plus, et tu peux te séparer de moi sans inquiétude, pendant quelques jours.

— Je serais plus tranquille et plus heureux, lui répondis-je, si tu consentais à m'accompagner....

— Tu vois, reprit-il en me conduisant sur la partie la plus élevée de la terrasse où nous nous promenions; tu vois à l'horizon cette pointe de clocher qui s'élève au-dessus des arbres; c'est là qu'elle habite, c'est là que je l'ai condamnée à pleurer et à mourir.... aucune puissance de la terre, pas même l'amitié, ne pourrait me déterminer à mettre entre ce couvent et moi une distance que mon œil ne pourrait franchir. Cette vue est un supplice intolérable, mais ce supplice est une nécessité de mon existence, et je n'ai qu'un moyen de m'y soustraire. »

L'expression qu'il mit à ces derniers mots me révélait suffisamment sa pensée; j'en pris occasion de lui exprimer mon refus de le quitter dans la disposition d'esprit où je le voyais.

« Pars sans contrainte, mon cher Charles, me dit-il en me serrant affectueusement la main; si je ne parviens pas à triompher de ce dégoût de la vie, contre lequel mon amitié lutte avec tant de courage, je te renouvelle aujourd'hui l'assurance de ne disposer de ma vie qu'avec ton consentement; j'instruirai la cause, ajouta-t-il avec un sourire douloureux, et tu prononceras l'arrêt. »

J'ai reçu sa parole et j'y compte; dans trois jours je serai près de vous; faites en sorte, je vous prie, mon cher Victor, que je puisse être de retour ici le premier ou le deux du mois prochain.

LETTRE CI.

ANATOLE A CHARLES.

Des Bruyères, 1787.

Je t'ai promis, Charles, de te rendre un compte fidèle de mes sentiments, ou plutôt de mes sensations pendant ton absence; je t'ai promis d'employer tout ce qui me reste de force et de courage, sinon pour réédifier ma vie, du moins pour en étayer les ruines; eh bien! je suis découragé par mes premiers efforts. Que puis-je attendre de moi? l'amitié est à charge à mon cœur; le croiras-tu? je t'ai vu partir avec une odieuse joie!... j'ai souri à l'idée de notre séparation!... j'allais être seul. Mon ami, la mesure est comblée.... je n'y puis plus tenir: ne crains rien, je tiendrai mes serments, mais je forcerai ta pitié à me les rendre; il te suffira de me revoir. Si je rencontre mon image, je me fais horreur; je ne suis qu'un débris, qu'un fantôme: mes yeux, brûlés par les larmes, se refusent à la lumière comme au repos; mes traits sont défigurés; m'a voix n'articule que des accents confus; toute pensée, tout sentiment est éteint en moi, excepté cette pensée unique, ce sentiment inaltérable, impérieux, qui me répète à chaque pulsation de mon cœur: Anatole, il est temps de mourir. Ma vie n'est plus que le rêve d'une ombre.

Le jour, enfermé dans la chambre qui fut un moment la *sienne*, immobile devant son portrait, je nourris mon désespoir du souvenir de mon bonheur. La nuit, j'erre dans la forêt; j'approche de ces murs de fer qu'elle habite; j'en parcours en frémissant l'étendue, et je suis prêt à briser ma tête contre ces pierres moins inexorables que ma destinée.

C'est à toi, mon cher Charles, à toi, le plus vertueux des hommes et le meilleur des amis, de décider si je dois continuer à traîner mes jours au milieu des plus affreuses tortures, ou s'il ne doit pas m'être permis d'en rejeter l'intolérable fardeau.

LETTRE CII.

CHARLES A ANATOLE.

Rennes, 1787.

Tu me connais, tu n'attends pas de moi des conseils pusillanimes ou intéressés. Quand la vie est sans espérance, il faut en sortir ; quand nous ne pouvons accorder l'existence et la vertu, c'est dans la mort qu'il faut chercher un asile. Tu sais si je marchandai tes jours lorsqu'il s'agissait de prévenir une faute dont je prévoyais les suites : les droits de l'infortune ne sont pas moins sacrés que ceux de l'honneur.

Loin donc de chercher à te détourner du projet que tu médites, par ces lieux communs d'une vaine morale dont l'homme heureux peut seul être dupe, je prêterai l'oreille à tes discours : tu me prouveras, d'une manière incontestable, que tu ne peux désormais prétendre à aucun plaisir, à aucun repos sur la terre, que cette existence qui te pèse n'est utile à personne, que la société n'a aucun compte à te demander de l'action que tu vas commettre, qu'aucun autre enfin n'a de droit sur la vie dont tu disposes : je te répondrai avec bonne foi ; tu m'écouteras avec attention, et je te laisserai le maître de prononcer dans ta propre cause ; mais songe que tu n'as pas encore abordé la question, et que tu as besoin de recueillir tes idées. Ta lettre est celle d'un homme ordinaire qui succombe sous le malheur ; j'attends celle d'un sage qui lutte jusqu'au dernier moment. Jusqu'à présent tu ne ressembles encore qu'à cet habitant de l'Ohio, qui, voyant se coucher le soleil, s'imagine que l'astre du jour ne reparaîtra jamais. Je te demande des pensées plus graves, des raisonnements plus sévères, cette force et cette évidence de preuves qui doivent précéder et déterminer une pareille action. Meurs s'il le faut ; mais que ta mort soit celle d'un homme : discutons-en froidement la nécessité ; quelques doutes s'élèvent encore dans mon esprit ou peut-être dans mon cœur ; détruis-les, et justifie, aux yeux de la sagesse même, le parti que tu prendras alors, et dont tant d'hommes vertueux ont laissé d'honorables exemples.

Au nombre des raisons qui pourraient te retenir à la vie, je te permets de ne compter pour rien le plus ancien serment de notre amitié, celui de ne pas survivre l'un à l'autre ; dans la circonstance actuelle il n'engage que moi, et je ne t'en parle ici que parceque tu parais l'avoir oublié dans la dernière phrase de ta lettre. Songe, Anatole, à respecter les droits de l'amitié comme je respecte ceux de l'amour.

LETTRE CIII.

ANATOLE A CHARLES.

Aux Bruyères, 1787.

Raisonnons puisque tu le veux; ne laissons pas croire au monde et peut-être à toi-même qu'un retour de démence ait marqué la dernière action de ma vie. Dans l'appréciation des motifs qui me déterminent, je veux même écarter pour un moment une pensée désespérante contre laquelle viendraient trop aisément se briser tous les principes de la sagesse et tous les arguments de la philosophie. Je ne prononcerai pas le nom de Cécile; j'envisagerai sa perte comme un arrêt du sort, auquel je me résigne, et dont je dois subir les conséquences. C'est de sang-froid que j'embrasse la détermination de ne plus être; c'est avec calme que je veux en discuter avec toi les motifs.

Tu pourrais être tenté, ne fût-ce que pour gagner du temps, de reprendre *ab ovo* la question générale du suicide, et de te servir contre moi, dans cette discussion des armes prises dans l'arsenal de Jean-Jacques : c'est un soin que je veux t'épargner, en te citant mot pour mot la lettre d'un homme de ta connaissance qui m'écrivait aux Indes, il y a quelques années :

« Je suis de ton avis; Saint-Preux a mille fois raison contre lord Édouard, et il s'en faut de beaucoup qu'il ait épuisé tous les arguments favorables à l'opinion qu'il défend.

« Mourir plus tôt ou plus tard n'est rien; bien ou mal mourir, voilà la chose importante : bien mourir, c'est se soustraire au danger de vivre mal; car la fortune et les passions, qui peuvent tout sur l'homme qui existe encore, ne peuvent rien sur celui qui sait mourir à temps.... De quel droit se plaint-on de la vie? c'est un spectacle *gratis* où l'on ne retient personne; vous vous y plaisez, restez-y; la pièce vous ennuie, sortez de la salle. Si c'est une faiblesse de mourir parcequ'on souffre, c'est une folie de vivre pour souffrir; plus nous vieillissons, plus nous tenons à la vie; nous sommes alors d'anciens locataires familiarisés avec l'incommodité de notre demeure; nous sentons que nous sommes mal, mais nous craignons d'être pis. La frayeur du moribond calomnie le ciel; est-ce un bon père ou un tyran farouche qui l'attend au retour de son pèlerinage?

« En quoi la mort diffère-t-elle de la vie? La nature n'est qu'une succession continuelle de naissances et de trépas : les corps composés se dissolvent ; les corps dissous se recomposent; c'est dans ce cercle infini que s'accomplissent les travaux de l'éternel Architecte.

« Tout ce qu'on a dit pour l'inoculation peut s'appliquer au suicide, avec cette différence en faveur de ce dernier, qu'il n'est plus question de probabilités, mais de certitude : il est possible que je n'aie jamais la petite-vérole; mais il est bien certain que je dois mourir; en obéissant un peu plus tôt, un peu plus tard à cette nécessité, je ne change rien à l'ordre irrévocablement établi, et je ne m'arroge d'autre droit que celui de choisir l'instant, le lieu, le cas où je dois mourir.

« J'ai contracté une dette, il me convient de m'acquitter avant l'expiration du délai que j'ai obtenu. Mon créancier peut-il me contraindre à rester son débiteur? Que d'objections puériles on entasse contre une proposition si simple !

« *Vous ne pouvez,* me dit-on, *disposer d'une vie que vous ne vous êtes pas donnée.*

« A ce compte, je ne puis invoquer les secours de la médecine contre la maladie, car je ne me la suis pas donnée.

« *Vous vous révoltez contre la puissance divine, et vous contrariez les lois de la nature.*

« Si le principe qui m'anime est indestructible, je n'échappe pas à la puissance de Dieu en changeant de forme; si mon être, par malheur, n'est que le résultat d'une organisation fortuite et matérielle, j'exerce sur moi le droit que l'homme a sur la matière, celui de la modifier sans la détruire.

« *Vous vous devez à la société, à votre famille.*

« Le contrat qui me lie à la société est un engagement volontaire; quand je renonce à mes droits elle perd sur moi les siens; et quant aux obligations envers ma famille, comme il est possible qu'elles entrent, comme raisons déterminantes du parti auquel je m'arrête, elles ne peuvent avoir plus de poids pour le combattre que pour le motiver.

« De longues réflexions, des lectures approfondies doivent nous familiariser avec cet aspect du tombeau qui effraie le vulgaire. Qu'a de terrible l'idée de la mort? demandez-le au plus éloquent défenseur de l'humanité[1]. Rien : ce sont les pompes de la mort qui nous ébranlent; tous les jours nous mourons; chaque soir amène la nuit et nous enlève une portion de notre existence, que notre orgueil croit nécessaire à celle du monde. « Où que votre dernier jour finit, dit Montaigne, votre vie y est toute; ce dernier jour ne confère pas plus la mort que ne font

---

[1] Jean-Jacques Rousseau.

les autres jours; le dernier pas ne fait pas la lassitude, il la déclare. »

Voilà, mon ami, ce que tu pensais, ce que tu écrivais, aux plus beaux jours de notre jeunesse, sur la question qui nous occupe en ce moment, et tu ne saurais me contester que le droit d'en faire aujourd'hui l'application sur moi-même : en auras-tu le courage?

Tu sais quels maux ont brisé mon cœur et flétri ma raison; mon ame est sortie déchirée d'une lutte inégale avec l'infortune : elle est désormais sans énergie pour le bien, sans ressort pour la vertu. De quelle résolution généreuse pourrais-je être capable? A quelle action honorable oserais-je prétendre? Je te l'avoue avec honte et douleur, je me familiarise avec cette pensée que rien de noble et de généreux ne peut plus germer dans mon sein. Ce sont les regrets, et non les remords qui me déchirent; je désespère de tout, et sur-tout de moi-même. Dans cet état, ce n'est point la lassitude de vivre que j'éprouve, c'est le désir d'échapper au vice, peut-être même au crime. Sais-je où s'arrêterait cette profonde insouciance pour le bien qui s'est emparée de moi?

Crois-moi donc : pour celui dont le cœur se sent fermé à toutes les affections honnêtes, l'heure de la mort a sonné.

J'ai épuisé la somme des sensations que la nature

peut donner à une ame humaine; j'ai bu jusqu'à la lie la coupe que le sort m'a présentée. Ce patrimoine d'existence que chaque homme apporte en naissant, je l'ai dépensé avant l'âge.

J'ai goûté les plaisirs célestes de l'amour et de l'amitié; j'ai passé honorablement, avec toi, par toutes les épreuves de la plus longue vie; au-delà du terme que j'atteins, je ne trouverais plus que déserts, horreur, épouvante, et peut-être....

Toute la philosophie morale, tu me l'as dit cent fois, est comprise dans ce précepte : « Occuper avec honneur le poste que la Providence nous a confié, et faire dans la situation où l'on se trouve placé tout le bien dont on est capable. »

Maintenant, dis-moi, à qui puis-je être utile? à quoi puis-je être bon? Les hommes me sont indifférents; l'arrangement social auquel ils se soumettent ne m'inspire que haine et mépris.

Que ferai-je et comment emploierai-je, si je consens à vivre, un reste de force et d'activité d'ame qui ne se manifeste que par le desir de mal faire?

Sais-tu bien, Charles, qu'entre le crime et moi je ne trouve plus que ton amitié; que chaque jour j'en suis moins digne, et que j'éprouve quelquefois l'affreux besoin d'y renoncer?

Après un tel aveu, oserais-tu me conseiller de vivre? Tu l'oses cependant quand tu me rappelles le serment par lequel nous nous sommes liés à une époque où nous pouvions mettre en commun toutes les chances de la vie, sûrs que nous croyions être de n'avoir à partager que d'innocents plaisirs ou d'honorables malheurs.

Tout est changé entre nous; Charles est resté le plus vertueux des hommes, Anatole en est devenu le plus coupable; tu es l'honneur de ta famille, je suis le fléau de la mienne; tu fais le bonheur de tous ceux qui t'aiment, j'ai causé la ruine de tous ceux qui m'ont aimé.

Dans cette situation désespérée, tu conviens que la mort est mon seul refuge, et cependant tu me condamnes à l'opprobre de la vie quand tu me fais pressentir que pour dernier crime je frapperais un ami du coup qui doit m'atteindre.

Je n'ai plus rien à ajouter pour ma défense, et quelle que soit ta réponse, j'y lirai mon arrêt.

LETTRE CIV.

CHARLES A ANATOLE.

Rennes, 1787.

J'ai pesé chaque ligne de ta dernière lettre; elle n'est point dictée, comme la précédente, par cet horrible dégoût de soi-même, qui ne laisse à celui qui l'éprouve d'autre desir que celui de cesser d'être.

Tu envisages ta position avec dignité : « ton malheur est sans espoir, tu as perdu les moyens et la volonté d'être utile, et cette vie qui t'est à charge, n'est plus nécessaire à personne; il t'est permis de la quitter. » Je n'ai rien à objecter à des raisons fondées sur des principes qui sont les miens, comme tu as pris soin de me le rappeler dans ta lettre: après être convenu avec moi-même de la force et de la justesse de ton raisonnement, il me restait à examiner si la conséquence rigoureuse que tu en tires, était immédiatement applicable à ta situation personnelle.

Sur cette question décisive, je suis encore forcé

de tomber d'accord avec toi, et telle est, à cet égard, la force de ma conviction, qu'en te rendant le maître de ta destinée, je consens à en séparer la mienne....

J'allais fermer ma lettre; une inspiration subite élève dans mon esprit un doute qui ne peut être détruit qu'en présence de l'objet qui le fait naître. Pour le présenter dans toute sa force, il ne suffit pas que ma plume en soit l'organe.

Point d'impatience, je ne cherche pas à gagner du temps, et la lettre de Cécile, que je t'envoie, n'est pas de nature à te faire changer de résolution; il te sera facile de voir à quelle époque elle fut écrite, et de deviner pourquoi je ne te l'ai pas communiquée plus tôt.

Demain je pars de Rennes, mais je ne serai près de toi que dans huit jours.

LETTRE CV.

CÉCILE A ANATOLE.

De l'abbaye de Laguiche, 1787.

Je ne romps pas le serment que j'ai fait de ne plus vous écrire : ainsi que moi vous avez cessé d'être avant d'avoir perdu la vie, et ce dernier entretien est celui de deux ombres au fond de leur tombeau. C'est demain, cher Anatole, que je mets entre le monde et moi une barrière éternelle ; jusque-là je vous appartiens encore, et je vous dois compte de tous les mouvements de mon cœur ; peut-être un jour ces caractères les retraceront-ils à votre raison : je n'en forme point le vœu, je sais trop à quel supplice je vous condamnerais, s'il était exaucé. Avec quel désespoir n'apprendriez-vous pas que si la douleur de la perte de ma mère m'a conduite au pied des autels, c'est l'amour seul qui m'y enchaîne ; que j'ai choisi cet asile d'innocence et de paix pour y nourrir une ardeur sacrilége, pour y adorer votre image, pour y consacrer mes souvenirs?

Anatole, c'est ici qu'on sait aimer; c'est ici qu'une ame insatiable d'amour en retrouve par-tout l'éternel aliment. Mon bien-aimé, je ne te quitterai plus! Aucune autre image que la tienne ne viendra blesser mes regards. Dans le recueillement du jour, dans le silence des nuits, tu me suivras par-tout; ta seule pensée remplira mon esprit, ta seule voix arrivera jusqu'à mon oreille; je te verrai sans cesse à mes côtés, enivré des sentiments qui m'animent, brûlant du feu qui me consume, et toutes les illusions de l'amour se réuniront pour enchanter notre mort.

Non, Anatole, je ne mentirai pas plus devant toi, que devant ce Dieu près de qui ma passion vient chercher un asile et non pas un refuge. Loin qu'aucun sentiment pieux, loin qu'aucun remords ait part à la résolution que je prends, elle ne m'est dictée que par l'impossibilité de persister dans ma faute. Sûre de ne pouvoir être ton épouse, ce n'est qu'en perdant l'espoir d'être ta maîtresse que je me voue à cette solitude où je puis du moins rêver le bonheur que j'ai perdu. Jamais je ne fus plus coupable qu'au moment où je pouvais laisser au monde la preuve du plus sincère repentir. J'avais conservé quelques vertus dans l'ivresse d'une passion criminelle; la piété filiale, l'amitié, l'estime de moi-même et des autres, les saintes lois de la pudeur régnaient avec toi dans un cœur dont vous vous partagiez l'empire. Maintenant, restée seule avec des desirs sans frein et sans espérance, j'abjure des vertus ingrates qui me demandent le sacrifice impossible d'un amour qui me les avait rendues plus chères.

Rendons graces au ciel, mon ami, le flambeau de ta raison s'est éteint quand il ne pouvait plus éclairer que notre infortune; demain l'aurore qui commencera ma dix-septième année, verra s'ouvrir les portes de mon tombeau. Mais qu'ai-je à regretter sur cette terre que j'ai à peine entrevue? N'ai-je pas été aimée d'Anatole? n'ai-je pas épuisé en quelques mois toutes les délices de la plus longue vie? Est-il un ravissement humain que l'union de nos ames ne nous ait fait éprouver? Ne t'ai-je pas pressé sur mon sein, et n'avons-nous pas invoqué la mort en ces moments, comme le terme et le comble de toute félicité? Le ciel a entendu nos vœux; il a détruit un bonheur que toute sa puissance ne pouvait augmenter : plus généreux envers toi, il t'épargne le seul remords qui s'attache à mon ame, le seul souvenir qui nous accuse et qu'il me soit défendu de retracer. Nathalie! ô crime!.... ô douleur!..... Mon Dieu, prends pitié d'elle!....

Adieu, le seul bien-aimé de mon ame; la nuit s'avance, et déja les premiers tintements du béfroi ont retenti dans ma cellule : ce moment a rouvert la source de mes larmes.... elles tombent sur le papier.

Grand Dieu! si tu devais un jour en reconnaître les traces! si tu renaissais à la raison.... ton premier cri serait d'appeler Cécile...., et Cécile ne pourrait t'entendre.... et nulle voix ne répondrait à la tienne.... Affreuse idée!.... Non, je ne le prononcerai pas, cet affreux serment de renoncer à toi.... Tu peux revivre; tu peux m'aimer.... Malheureuse! abjure une espérance insensée. Tu les as lus, ces mots tracés de la main d'un ami: *L'objet de tant d'amour ne vit plus que dans le cœur de Cécile.* Oui, c'est là que tu existes encore tout entier; c'est du fond de ce sanctuaire que tu m'ordonnes de te suivre au pied des autels, et d'y consacrer en présence de Dieu même des nœuds que la mort même ne rompra pas.

Quel bruit autour de moi! c'est la fête d'hymen qui se prépare; l'heureuse fiancée ne se fera pas attendre. Adieu! adieu!

LETTRE CVI.

LAMBERT A CHARLES D'ÉPIVAL.

Des Bruyères, 1787.

M. le chevalier, mon maître me charge de vous faire le récit d'une terrible aventure qui nous est arrivée hier sur la brune, et dans le récit de laquelle vous trouverez la raison pourquoi il ne vous écrit pas lui-même; mais comme le plus pressé doit être de vous tranquilliser sur son état, je vous dirai que ses blessures ne sont pas mortelles, et je dois m'y connaître puisque vous savez que mon père était vétérinaire dans le village (qui peut bien passer pour un bourg) dont le vôtre était seigneur; mais comme vous n'aimez pas les préambules je coupe au court.

Hier matin monsieur, qui s'était couché pour la première fois depuis votre départ, me dit, en se levant : « Mon cher Lambert (c'est toujours comme cela qu'il m'appelle quand il a du chagrin), va-t-en à Blois, tu trouveras, dans la rue du Château, un orfévre nommé Bertrand; tu lui remettras cette note, et tu lui diras de tenir prêts les objets que je lui commande pour samedi prochain, jour où tu retourneras les chercher. »

Vous serez peut-être bien aise de savoir ce qu'il y avait sur la note; en voici la copie, j'en avais conservé le double.

« 1° Un anneau d'argent, du diamètre de quatre pouces, brisé au milieu par une charnière, et se fermant à ressort perdu par les deux extrémités; du poids d'un marc.

2° Une chaîne du même métal, de sept pouces de long, tenant à l'anneau; du poids de six onces.

3° Une boite *idem*, de deux pouces et demi de diamètre, et d'un pouce de profondeur, se fermant avec un couvercle à vis; le tout du poids d'un marc. »

Vous devinerez, peut-être, ce que monsieur veut faire de tout cela; pour moi je n'en sais rien, sinon que le portrait de cette pauvre jeune, bonne, belle demoiselle que vous savez, est tout juste de la grandeur de la boîte qu'il fait faire.

Pour en revenir à notre histoire, comme mon maître vit que j'avais quelque peine à le quitter, parceque vous m'avez recommandé de ne point le laisser seul : « Va, mon ami, me dit-il avec bonté, et sois tranquille; je suis aujourd'hui mieux qu'à mon ordinaire. » Il est vrai que depuis avant-hier, qu'il a reçu votre dernière lettre, il était d'un calme qui faisait plaisir à voir ; mais, comme dit le proverbe, il n'y a pire eau que l'eau qui dort ; et, par précaution, je cachai ses pistolets sans qu'il s'en aperçût. Comme je sortais par le pont-levis, il me rappela.

« Lambert, me dit-il, en revenant tu passeras vis-à-vis (il ne dit pas le mot couvent, mais nous nous entendons); tu t'informeras... non, tu n'iras pas toi-même, mais tu donneras un écu à la première paysanne que tu trouveras, pour aller s'informer si mademoiselle d'Amercour est encore à Laguiche. »

Me voilà en route; en moins de deux heures j'avais fait ma commission et je revenais.

En approchant de l'abbaye, le bonheur veut que je rencontre, au bout de l'allée, Adèle qui est aujourd'hui, comme vous savez, au service de mademoiselle d'Amercour. Comme elle a beaucoup d'estime pour moi, elle fit un cri de surprise en me voyant, et nous nous retirâmes hors du chemin, pour causer un moment sans être vus. Je lui dis, comme à tout le monde, que j'étais au service d'un Anglais; j'appris d'elle ce que M. Anatole voulait savoir, et beaucoup d'autres choses qu'il ne faut pas qu'il sache, sur la santé chancelante de mademoiselle, qu'ils appellent aujourd'hui sœur Sainte-Cécile....

Comme nous causions, j'entends une voiture qui

s'arrête à quelques pas de nous, et j'en vois descendre, devinez qui?... Le comte de Montford, qui s'avançait à pied vers le couvent....

Comme je paraissais surpris de cette rencontre, j'appris de mademoiselle Adèle que ce seigneur avait obtenu du père de sa jeune maîtresse la permission de la voir au couvent, où elle a obtenu la permission d'aller passer un mois, depuis que son amie a pris le voile. « On parle, ajouta-t-elle, du mariage de mademoiselle d'Amercour avec M. le comte ; mais je puis vous assurer qu'il ne se fera pas plus que l'autre : mademoiselle Pauline n'en veut pas entendre parler, et elle répète tous les jours qu'elle se fera religieuse, comme sa bonne amie, plutôt que d'épouser un homme qu'elle déteste. »

Là-dessus, nous nous sommes mis à nous demander pourquoi un beau jeune homme, qui est grand seigneur, riche à millions, ne peut pas parvenir à se marier.... J'avais grand plaisir à causer avec mademoiselle Adèle, mais j'étais pressé de retourner aux Bruyères.

La première chose que je fis, en arrivant, fut de raconter à monsieur tout ce que je venais d'apprendre. « Il est là! s'écria-t-il d'une voix qui me fit frémir; cette fois, il ne m'échappera pas. »

En disant cela, il court dans sa chambre pour y prendre ses pistolets : j'étais mort si je l'avais forcé à me les redemander deux fois. Il sort, je n'avais garde de le laisser aller seul, et comme je prévoyais un malheur, je m'arme d'un couteau de chasse. Nous arrivons à l'avenue du couvent, et nous nous cachons, pour attendre la sortie du comte, dans le même endroit où, quelques moments avant, nous étions avec mademoiselle Adèle.

Monsieur ne parlait pas, mais je voyais sur sa figure des mouvements de rage qui me faisaient trembler, moi qui ne suis pas timide.

Nous attendions depuis une grande heure, et le jour commençait à baisser, quand nous vîmes notre homme sortir du couvent, suivi de ce grand diable d'heiduque, qui ne le quitte pas plus que son ombre. M. Anatole court à lui : « Regardez-moi, lui dit-il, et défendez votre vie. »

Le comte faillit tomber à la renverse de surprise; mais il se remit bientôt, et dit avec un rire insolent : « Encore un acte de folie ?

« — C'est le dernier dont vous serez témoin, » reprit M. Anatole, en lui présentant par la crosse un de ses pistolets; mais il le refusa, et donna l'ordre à son domestique d'aller prendre les siens dans sa voiture. J'accompagnai l'heiduque pour être sûr qu'il ne ramènerait personne avec lui.

Maintenant voici comment l'affaire se passa :

Nous nous enfonçâmes dans une espèce de taillis, et quand nous fûmes à deux portées de fusil de la grand'route, M. Anatole s'arrêta dans une clairière d'où l'on découvrait une partie du cloître.

« Vous avez vos pistolets et j'ai les miens, dit-il au comte; je vais m'éloigner de toute l'étendue du rond-point où nous sommes; nous marcherons l'un sur l'autre, et nous tirerons à volonté : le point essentiel c'est que l'un de nous reste sur la place. »

M. de Montford, à qui ces conditions ne convenaient pas, voulut entrer en explication....

« Point de phrases, lui cria mon maître d'une voix de tonnerre; vous expierez vos crimes en vue de ce couvent, ou j'y laisserai ma vie.

— Des hommes d'honneur, reprit le comte, ne se battent point sans témoins.

— Pourquoi donc en demandez-vous? interrompit M. Anatole en frémissant de colère; j'ai soif de votre sang, et je ne veux pas attendre. »

Voyant qu'il n'y avait pas moyen de reculer, le comte alla se placer à sa distance, mais comme je m'aperçus qu'il faisait un signe à l'heiduque, je m'emparai de ce dernier, et pour l'occuper à quelque chose, je lui proposai de mesurer son grand sabre contre mon petit couteau de chasse.... Il refusa et je me contentai de surveiller tous ses mouvements.

Nos deux maîtres s'avancèrent l'un sur l'autre : M. de Montford tira son premier coup à vingt-cinq pas environ et atteignit M. Anatole au bras gauche.

« Ce n'est rien », dit-il en continuant à s'avancer.

A dix pas environ il tire sur son adversaire et lui casse la cuisse. Celui-ci tombe.

« Je ne veux point, quoique j'en aie le droit, faire usage de mon second feu, lui dit votre ami, que vous ne soyez en état d'y répondre, et je vous donne le temps de faire vos dispositions ! »

Le comte, avec l'aide de son domestique, s'assit sur le tronc pourri d'un vieux saule dont une branche lui servait d'appui ; et mon intrépide maître, que son courage seul soutenait, car il perdait beaucoup de sang, vint se placer devant M. de Montford, à six pas tout au plus : ils tirèrent ensemble.

Je les crus tués tous les deux : je courus vers M. Anatole, qui avait été renversé ; mais, avant que j'arrivasse à lui, il avait eu le temps et la force de se traîner auprès de son ennemi et de lui plonger un poignard dans le cœur ; il ne frappait qu'un cadavre : M. de Montford, atteint à la tête d'un coup de pistolet, était étendu sans vie.

« Ah ! mon cher maître, où avez-vous été touché ? m'écriai-je en le prenant dans mes bras....

« — Qu'importe ? répondit-il ; maintenant (en jetant les yeux sur le couvent) je puis mourir », et il perdit connaissance.

Pendant que l'heiduque courait au couvent pour y chercher du secours, je vis d'un coup d'œil ce que nous avions à craindre dans cette circonstance·

chargeant mon pauvre maître sur mes épaules, je m'enfonçai dans l'épaisseur de la forêt, et je fis une première halte près d'un ruisseau. M. Anatole reprit ses sens: je lavai ses blessures, sur lesquelles je mis un premier appareil; et, après trois ou quatre stations, nous finîmes par regagner notre gîte.

Ce matin monsieur, qui a dormi deux grandes heures, a paru surpris de se trouver vivant. J'ai visité ses blessures: la seconde, qu'il a reçue au-dessous de la mamelle droite, et que j'avais d'abord jugée mortelle, n'a fait que labourer profondément les chairs, et celle du bras n'a pas causé la moindre fracture.

Pendant que je le pansais, monsieur m'a dit en souriant: «Tu te donnes bien du mal inutilement, mon pauvre Lambert; je connais quelqu'un plus adroit que le comte, et qui ne me manquera pas.» Je vous répète ses propres mots.

M. Anatole n'a pas voulu entendre parler de chirurgien; et je n'ai pas cru devoir le contrarier, d'autant que, sans vanité, je suis capable de lui en tenir lieu.

Je voulais absolument le saigner, comme c'est d'usage; mais monsieur m'a ri au nez, en me disant qu'il a encore besoin pour quelques jours du peu de sang qui lui reste. Ce que j'en dis à M. le chevalier n'est que pour mettre ma responsabilité à couvert, s'il arrivait quelque malheur.

Je ne vous parle pas, M. le chevalier, de tout ce que j'ai souffert dans cette terrible soirée à la vue du péril qui menaçait un maître pour qui je donnerais cent fois ma vie ; vous me connaissez, et vous rendez justice aux sentiments de celui qui a l'honneur de se dire avec respect votre très humble et très obéissant serviteur.

LAMBERT.

LETTRE CVII.

CHARLES D'ÉPIVAL A MADAME DE NEUVILLE.

1787.

Ma chère Émilie, quand la mort de votre excellent père est venue porter le dernier coup à votre cœur, et vous a forcée de partir en toute hâte pour Sisteron, où vous appelait le plus pénible des devoirs [1], je vous ai promis de vous donner bien régulièrement des nouvelles de notre solitaire, sur la santé duquel vous avez pu être rassurée en apprenant que j'avais fait moi-même, depuis votre absence, un petit voyage en Bretagne. Je ne suis de retour aux Bruyères que depuis trois jours, et déjà j'ai à vous annoncer de bien étranges événemens! J'aurais cru devoir vous les laisser ignorer quelque temps encore, si je n'avais eu, pour vous

---

[1] La perte de son père avait forcé madame de Neuville à se rendre en Provence, dans la terre où M. de Césane était mort.

en instruire, une voie plus sûre et plus directe que celle de la poste.

En continuant à vous donner l'assurance de la guérison d'Anatole, je vous disais, dans ma dernière lettre [1], qu'à l'état de démence auquel il était échappé miraculeusement, avait succédé une profonde mélancolie dont je craignais les suites. Elles commençaient à se réaliser : Anatole voulait mourir, et n'était retenu que par la sainteté d'un serment qui nous lie, et dont je pouvais seul l'affranchir.

Cet engagement, qui lui laissait la liberté de chercher à me prouver la nécessité du parti violent qu'il voulait prendre, m'imposait l'obligation de m'y soumettre s'il parvenait à m'en convaincre. Je dois vous l'avouer, aujourd'hui qu'une circonstance inattendue a donné un autre cours à ses idées, je n'avais pu résister au tableau déplorable qu'il avait mis sous mes yeux, et j'avais été forcé de convenir que l'égoïsme d'une amitié cruelle pourrait seul imposer la vie à celui que le présent accablait, et à qui l'avenir n'offrait aucune chance de soulagement.

Dans ma dernière lettre de Rennes, je me rendais à ses raisons, et je n'exigeais de lui que d'attendre mon retour pour mettre à exécution son sinistre projet; mais j'avais été frappé, comme d'un trait de

---

[1] Cette lettre n'a pas été retrouvée.

lumière, d'une pensée que je voulus mettre au plustôt en action. Dès le lendemain je quittai Rennes, avec l'intention de faire un long détour avant de me rendre aux Bruyères. Sur ces entrefaites, une catastrophe, que j'avais prévue depuis long-temps, vint aggraver la position d'Anatole : une rencontre avec le comte de Montford eut lieu dans la forêt de Russy ; un duel à outrance en fut la suite.... Le comte fut tué.

Il y avait cinq jours que cet événement s'était passé, et Anatole était déja convalescent des blessures qu'il avait reçues dans ce combat lorsque j'arrivai. Je ne fus pas long-temps à m'apercevoir que la mort de son ennemi, loin de rien changer à sa détermination, lui enlevait le dernier intérêt qui le retenait à la vie, le desir de la vengeance.

Après une journée passée tout entière dans l'effusion de l'amitié, Anatole m'amena sur la terrasse de l'Est ; sans me dire un mot, il tira de sa poche la dernière lettre de Cécile, que je m'étais déterminé à lui envoyer, et m'indiqua de la main le couvent que l'on découvre de cet endroit. « Mon ami, lui dis-je en le serrant dans mes bras, je t'ai rendu ta parole, et dans une heure tu pourras disposer de tes jours, si dans ce délai tu n'es pas plus convaincu que je ne le suis moi-même de l'énormité du crime que tu te prépares à commettre. » Et je sortis sans prendre le temps de répondre aux questions qu'il m'adressait avec colère.

Je revins au bout d'un quart-d'heure, et je le retrouvai se promenant à grands pas sur la terrasse où je l'avais laissé : ses pistolets étaient posés sur la balustrade.

« Je suis prêt à vous écouter pour la dernière fois, me dit-il, mais n'attendez de moi aucune concession ; mon parti est pris irrévocablement, et nulle puissance humaine, ajouta-t-il en se saisissant d'un pistolet, ne pourrait me contraindre à vivre un jour de plus.

— Suivez-moi donc, lui dis-je, mais prenez avec vous vos deux armes, vous en trouverez l'emploi. »

En disant ces mots, je le saisis par le bras avec une sorte de violence, et je le conduis dans sa chambre.

Je n'essaierai pas de vous retracer dans ses détails une scène dont aucun langage humain ne pourrait vous donner l'idée.

Le premier objet qui frappa les yeux d'Anatole en entrant dans cette chambre fut un enfant qui jouait sur son lit avec le portrait de Cécile.... « Qu'est-ce ? s'écria-t-il avec un mouvement convulsif; quel est cet enfant?.... » Qu'avait-il besoin de ma réponse ?.... Il s'était approché ; l'enfant avait souri en lui tendant ses petits bras, et l'heureux Anatole, qui s'en était saisi dans le délire de sa joie, le couvrait de baisers et de larmes, en répétant : « C'est elle ! c'est Cécile ! c'est Nathalie !

— Oui, Anatole, voilà l'enfant qui n'a plus que vous au monde, et qui vous supplie de lui conserver son père....

— Son père ! s'écria-t-il ; je suis un monstre, indigne de ce nom, indigne de ton amitié.... Lâche que je suis, je voulais mourir pour échapper aux remords d'un premier crime, aux tourments d'une existence vouée à d'éternels regrets ; ma vie avait causé la perte de la mère, ma mort allait immoler l'enfant, et attacher à ma mémoire le nom de parricide !

On eût dit que cet adorable petite créature éprouvait quelque chose du sentiment qu'elle inspirait ; elle regardait Anatole, passait sa main sur ses joues, et les sentant baignées de larmes, elle se mit à pleurer.

Il la pose sur son lit, et se mettant à genoux devant elle : « Non, non, s'écria-t-il en joignant les mains, je ne mourrai pas ; je vivrai par toi, pour toi, et mon amour te rendra ta mère. »

Il la couvrait de baisers, puis se jetant dans mes bras : « Pardonne-moi, Charles, et fais que je me pardonne à moi-même : dis-moi que j'ai recouvré ton estime; que mon cœur n'est pas mort à la vertu...... »

Après quelques moments passés dans les effusions de l'amitié, dans les transports de l'amour paternel, j'entrai avec Anatole dans les détails d'un événement qui changeait encore une fois sa destinée.

Le lendemain du jour où j'avais répondu à sa dernière lettre, j'étais parti pour les Pyrénées avec l'intention d'en ramener l'enfant. Je ne m'attendais pas à l'obstacle nouveau que j'aurais à vaincre de la part de l'honnête famille à laquelle Nathalie avait été confiée. Toutes les raisons que je donnai, toutes les offres d'argent que je fis n'auraient jamais déterminé le bonhomme Lézer et sa femme à remettre en d'autres mains que dans celles de Cécile ou dans les vôtres un enfant qu'ils adoraient.

Je leur racontai les malheurs de Cécile; je leur montrai la dernière lettre d'Anatole, et je n'eus point de peine à les convaincre que la présence de Nathalie pouvait seule sauver les jours de son père.

« Eh bien! me dit le bon homme Lézer quand j'eus cessé de parler, j'ai des raisons pour croire à la vérité de l'histoire que vous nous faites, et je vois un moyen de vous satisfaire sans manquer à notre promesse....

« Femme, ajouta-t-il en parlant à la nourrice, tu

vas partir avec ce monsieur; tu le suivras par-tout où il voudra te conduire; mais tu ne remettras l'enfant qu'à une des deux dames que nous connaissons.

— Qu'à cela ne tienne, reprit la femme du vieux pasteur; à cette condition, mon cher monsieur, me voila prête à vous suivre. »

En moins d'une heure toutes les dispositions furent faites; mais que le moment de la séparation fut pénible pour ces bonnes gens!

La nourrice ne pouvait s'arracher des bras de son mari et de ses enfants, et tous se disputaient le bonheur de donner un dernier baiser à cette charmante Nathalie qu'ils appelaient leur fille, leur sœur, et qui leur rendait leurs caresses avec une grace enfantine dont on n'a point d'idée quand on n'a point vu cette petite merveille.

Quelque longue et quelque rapide qu'ait été notre course, l'enfant et la nourrice n'ont point souffert. Le moment où cette excellente femme a paru devant Anatole a été pour lui un nouveau sujet de joie; elle s'est arrêtée un instant devant lui, l'a regardé, et lui sautant au cou : « Ah! ma fine, s'écria-t-elle, je n'ai pas besoin d'autre preuve, et notre chère petite n'a pas de père, si vous n'êtes pas le sien.... »

J'ai passé une partie de la nuit à vous écrire, et je puis vous dire ce matin, en fermant ma lettre, que depuis long-temps je n'ai goûté quelques heures d'un sommeil aussi tranquille. Jamais je ne m'étais couché de si bonne humeur avec le ciel et avec les hommes.

Je ne sais quel heureux pressentiment s'empare de moi à mon réveil; mais il me semble que Nathalie est la colombe de l'arche, et qu'elle nous présage encore de beaux jours : le cœur d'Émilie en sera toujours pour moi le plus infaillible garant.

LETTRE CVIII.

ANATOLE A MADAME DE NEUVILLE.

Des Bruyères, 1787.

Ne te plains pas de mon silence, ma chère Émilie; qu'aurais-je pu t'écrire depuis près d'un an que j'ai passé dans les ténèbres de la démence ou dans les convulsions du désespoir? La présence de ma fille m'a rendu à la raison et à l'amitié : je n'ai pu la voir sans rappeler à ma pensée tout ce que je dois de reconnaissance à ta courageuse pitié pour ton coupable frère, au dévouement sans exemple du meilleur des amis.

Que je serais heureux, ma sœur, si l'image de Cécile toujours présente, toujours plus adorée, n'avait à jamais banni de mon cœur tout autre sentiment que celui de sa perte et de mon désespoir! J'ai lu sa dernière lettre; la crainte d'un hymen odieux, l'avenir funeste dont elle était menacée, la religion même, n'auraient pu obtenir d'elle un pareil sacrifice; c'est à moi, c'est à moi seul qu'elle s'est immolée: ma raison s'était éteinte; j'étais mort; elle ne voulut pas me survivre. Hélas! je l'ai recouvrée cette raison que l'excès de ses souffrances et de mes remords m'avait ravie; je l'ai recouvrée, pour mesurer dans toute sa profondeur l'abyme où je dois achever de mourir; pour maudire l'existence qui m'est rendue; pour me répéter, à tous les moments de ma misérable vie, que j'ai fait le malheur de tout ce qui m'aima sur la terre; que j'ai séduit l'innocence la plus pure, violé les devoirs les plus saints; et que mon fatal amour, plus impitoyable que la mort même, a ravi au monde, où elle naissait à peine, une femme que la nature avait créée pour être l'orgueil et l'ornement de son sexe.

Mais est-il vrai que Cécile soit à jamais perdue pour le monde et pour moi? Tant qu'elle respire, ne m'appartient-elle pas? et les liens qui l'enchaînent sont-ils plus sacrés que ceux qui nous unissent? Ce n'est plus seulement mon cœur, c'est la nature, c'est la raison que j'interroge; toutes deux repoussent des vœux contractés sous l'empire d'un préjugé cruel, accrédité par des prêtres imposteurs. Dans lequel de leurs livres saints ces ministres d'un Dieu bienfaisant ont-ils puisé le droit qu'ils s'arrogent d'imposer à la crédulité, à la faiblesse, au malheur, le supplice d'une éternelle captivité?

Ah! Cécile, que n'est-il en mon pouvoir de briser, au péril de ma vie, tes indignes fers qu'une main sacrilége a rivés à l'autel?... Mais j'oublie, ma chère sœur, que j'ai pris la plume pour te parler de notre excellent père, et du devoir pieux que tu as eu le bonheur de pouvoir remplir : il est mort plein de gloire et d'années ; il n'a pas eu connaissance des derniers malheurs qui ont accablé sa famille, et le meilleur des hommes s'est endormi sous le charme de l'espérance.

Je t'ai fait passer la procuration la plus illimitée pour terminer les affaires de la succession : qu'aucune difficulté ne t'arrête, ma bien tendre amie, tu connais mon desir ou plutôt ma volonté. Pour moi, cet acte de partage est un testament, et j'exige qu'il y soit stipulé que tu acceptes la tutéle de Nathalie, à qui je fais don de tout ce que je possède.

Hâte ton retour, ma chère Émilie ; je te le demande au nom de Charles et de ta douce pupille.... Le temps presse.... quelque chose me dit qu'un nouvel orage me menace, et d'orage en orage j'arriverai bientôt, j'espère, au terme de mon pénible voyage.

LETTRE CIX.

CHARLES D'ÉPIVAL A MADAME DE NEUVILLE.

Aux Bruyères, 1787.

Nous avons eu hier une alerte très vive, ma bien chère Émilie, et je ne crains pas de vous faire partager les inquiétudes qu'elle nous a causées, puisqu'elle doit nous en épargner de nouvelles. Je crois vous avoir dit que le duel qui a coûté la vie au comte de Montford avait donné lieu à des poursuites, auxquelles je me suis mis en tête que la famille du comte était plus étrangère que M. de Clénord dont la haine pour son beau-frère ne se ralentit point. Qui ne le connaîtrait pas, serait tenté d'en excuser la violence, en songeant qu'il peut se croire en droit de reprocher à Anatole la perte de sa fille et celle d'un ami; mais vous et moi, qui savons à quoi nous en tenir sur la sensibilité du personnage, nous sommes forcés d'attribuer à une cause bien moins noble, à son ambition trompée, l'aversion qu'il a pour Anatole; d'ailleurs je ne vois pas à quelle autre source on aurait pu puiser les renseignements qui ont mis la force publique sur les traces de notre ami. Quelle qu'en soit la cause, voici l'effet.

Anatole, qui, depuis près d'un an, habite le château des Bruyères, sous un nom anglais, ne sort que de nuit et n'a encore été aperçu que par le vieux concierge Mouret. Celui-ci en a presque autant de peur que des esprits qui reviennent dans la tour, et certes les informations qu'on a pu prendre auprès de lui n'auraient dû servir qu'à éloigner d'Anatole des soupçons que rien d'ailleurs ne justifie.

Lundi, après dîner, nous étions réunis sur le balcon de sa chambre à coucher; il montrait à la nourrice la croix du couvent qu'habite Cécile, et la nourrice l'indiquait du doigt à Nathalie qui répétait le même geste en bégayant ces mots qui ravissaient son père: *Là.... maman.... Cécile.*

Lambert accourt tout essoufflé, et nous prévient qu'une escouade de cavaliers de la maréchaussée est à la grille du château et demande qu'on lui ouvre *de par le roi.*

Nous ne balançons pas sur le parti que nous avons à prendre, et dont nous étions convenus d'avance en cas d'événement. Anatole, la nourrice, et l'enfant vont se réfugier dans la tour des Archives; j'ordonne à Lambert d'aller ouvrir la grille et d'introduire auprès de moi le brigadier qui commande le détachement; je vais le recevoir dans une salle basse.

Cet homme, simple brigadier de maréchaussée, me communique l'ordre dont il est porteur; il lui est enjoint d'arrêter, par-tout où il le trouvera, un sieur Anatole de Césane, lequel a tué en duel très haut et très puissant seigneur, comte Armand de Montford, baron de Saint-Valery, etc., etc.

« Eh bien! lui dis-je, il faut le chercher ailleurs, car il n'est point ici.

— C'est ce que nous verrons, M. le chevalier (continua cet homme, en me prouvant d'abord, à ma grande surprise, qu'il savait à qui il parlait); en attendant je vous demanderai la permission de faire les recherches qui me sont prescrites.

— Puisque vous êtes si bien informé, repris-je, vous devez savoir que je suis en visite dans ce château qui m'appartient en effet, mais que j'ai loué à un gentilhomme anglais, grand amateur de chasse. Il est absent pour quelques jours; mais cet homme qui lui appartient (j'indiquai Lambert) vous servira de guide dans ce labyrinthe dont je ne connais pas encore tous les détours. »

Au bout d'une grande heure, notre brigadier revient avec sa petite troupe, et me dit qu'il ne lui restait plus à visiter qu'une tour du château ou le guide que je lui avais donné refusait de le conduire.

« Par une bonne raison, lui répondis-je, c'est

que de temps immémorial cette tour n'est pas habitée, du moins par des êtres de notre espèce, et qu'on n'a point entendu dire qu'aucun de ceux qui ont eu l'audace d'y entrer en soit jamais sorti ; mais vous avez de braves gens avec vous, et je vous invite à tenter une entreprise qui vous fera beaucoup d'honneur.

— Qu'en dites-vous, camarades? demanda le brigadier aux cinq hommes qui l'accompagnaient.

— Il n'y a pas de bravoure qui tienne (répondit l'un d'eux, que le vieux concierge avait sans doute endoctriné) contre une légion de diables qui défendent cette tour au sommet de laquelle ils dansent tous les soirs; et pour mon compte, j'aimerais mieux pénétrer seul dans une caverne de voleurs prévenus de ma visite, que d'entrer, moi centième, dans cette tour endiablée. »

Tous ses camarades tinrent le même langage ; et notre brigadier, bien sûr de ne pas être pris au mot, n'en insista que plus fortement pour les engager à le suivre, tout en leur faisant la peinture la plus effrayante des périls qu'ils auraient à courir pour mettre à fin cette aventure.

Sur leur refus réitéré, on convint de détacher un des cavaliers auprès du capitaine de maréchaussée qui se trouvait à Tours, pour lui demander un renfort dont on attendrait l'arrivée avant de pénétrer dans la tour: en même temps le brigadier me prévint qu'il passerait la nuit au château avec sa troupe. Je témoignai ma satisfaction du parti auquel il s'arrêtait; et, après avoir installé les quatre hommes qui l'accompagnaient dans une salle basse où je leur fis donner tout ce dont ils pouvaient avoir besoin, j'invitai leur chef à souper avec moi, et j'eus grand soin que le vin ne manquât pas: il rendait notre homme expansif; il me raconta son histoire, et m'apprit, entre autres choses, que sa sœur était tourière au couvent de Laguiche. Quand je le vis disposé à bien dormir, je le conduisis moi-même dans une chambre à coucher, où il était loin de s'attendre à la nuit cruelle qu'il devait y passer.

Une fois assuré que mes aimables hôtes étaient profondément endormis, j'allai retrouver Anatole, à qui je rendis compte de l'état des choses: la nourrice, qui ne savait rien de ce qui se passait au château, avait été mise en sûreté, ainsi que l'enfant, dans un cabinet à porte perdue, pratiqué dans l'épaisseur des murs.

Sans perdre de temps, Anatole, Lambert, et moi, nous allons nous affubler de nos habits de magiciens, et, armés jusqu'aux dents, nous nous introduisons dans la chambre du brigadier qui ronflait à ébranler les voûtes, et nous nous mettons en devoir de lui lier les pieds et les mains: il s'éveille dans l'opération;

mais terrifié à la vue des démons qui l'entourent, et que son imagination troublée multiplie à l'infini, il nous regarde avec des yeux hagards, sans faire un mouvement pour se défendre. Dans cet état, nous le descendons dans le cachot des oubliettes; nous le déposons sur la paille, où, croyant sans doute achever un pénible rêve, il ne tarde pas à se rendormir.

Nous profitons de ce temps pour aller nous-mêmes prendre quelque repos. Quand nous reparûmes à la pointe du jour, nous le trouvâmes en conversation réglée avec Lambert, que nous avions laissé à sa garde, et à qui nous avions fait son thème.

Notre entrée d'opéra par la trappe des oubliettes, au milieu des flammes de Bengale dont nous nous étions fait précéder, lui arracha des cris épouvantables.

« Tu mérites la mort, lui dit Anatole d'une voix terrible, pour avoir formé le projet de venir troubler les esprits infernaux dans l'asile qu'ils se sont réservé; mais nous avons pitié de toi cependant, et nous consentons à te rendre à la lumière, si tu fais le serment de remettre à son adresse la lettre que je te confie. »

En disant ces mots, Anatole lui présenta l'écrit; il en lut la suscription : *A la sœur Sainte-Cécile, au couvent de Laguiche.*

« Je jure, monsieur le démon, qu'avant quarante-huit heures la religieuse aura votre missive....

— Sans qu'elle soit ouverte par un autre?
— Je le jure.
— Sans que l'on sache de qui tu la tiens?
— Je le jure.
— Sans qu'il t'échappe jamais un mot qui puisse trahir la mission dont je te charge?
— Je le jure.
— Songe qu'il y va de ta vie, et que la moindre indiscrétion sur ce point te replonge dans ce gouffre où t'atteindra la vengeance épouvantable à laquelle aucune puissance humaine ne saurait te soustraire. Je n'ajoute qu'un mot; une somme de cent louis te sera comptée si tu apportes la réponse. Sur tout le reste tu peux dire ce que tu as vu, et t'exposer une seconde fois toi-même à pénétrer dans la tour du château des Bruyères.

— Soyez sûrs, messeigneurs, que je n'userai pas de la permission.

— A ce prix qu'il soit libre, » ajouta Anatole en faisant un signe à Lambert, qui commença par bander les yeux au prisonnier: après quoi, découvrant son bras au-dessus de la saignée, il y tatoua, avec la pointe d'une aiguille très fine, une figure en forme de *tour*, sur laquelle il jeta quelques grains de poudre auxquels il mit le feu; et presque au même moment le brigadier, plus mort que vif, se retrouva dans la chambre et dans le lit où il s'était endormi sept heures auparavant.

Afin de jouir des premiers moments de sa surprise, j'entrai dans sa chambre quelques minutes après, et je le trouvai examinant debout, près de la fenêtre, la lettre qu'il tenait à la main et son bras qu'il se hâta de recouvrir aussitôt qu'il m'aperçut.

« Commandant, lui dis-je en me frottant les yeux, comme si je venais de m'éveiller, vous avez bien dormi, à ce qu'il me paraît; je vous félicite d'avoir pris un bon à-compte sur la nuit prochaine, car je vous en préviens encore, vous ne terminerez pas sans beaucoup de peine la tâche que vous vous êtes imposée.

— A condition que l'on m'enverrait un renfort suffisant.

— Il arrive à l'instant même, et je venais vous en prévenir.

— C'est fort bien, continua-t-il en achevant de s'habiller; mais il faut savoir quelle est la force du détachement que l'on m'envoie.

— De dix ou douze hommes, autant que j'en ai pu juger au premier coup d'œil.

— Dix hommes! s'écria le brigadier... contre une légion qui dispose de toute l'artillerie de l'enfer!...

— Comment! repris-je d'un air étonné; auriez-vous reçu de nouveaux renseignements?

— Si j'en ai reçu!...»

Puis s'arrêtant tout court à la vue de son sabre hors du fourreau, et dont la lame était rompue, il acheva de s'habiller, prit la lettre qu'il serra précieusement, et courut rejoindre son détachement qui était rangé en bataille dans la cour.

Quelque préoccupé que je fusse du danger de notre position, je ne pus entendre sans rire le rapport que le brigadier vint faire au maréchal-des-logis qui commandait le détachement grossi de quelques cavaliers; le désordre qui régnait dans toute sa personne, le son altéré de sa voix, et le sabre rompu qu'il brandissait d'une main tremblante, imprimaient à ses discours une éloquence qui fit passer dans le cœur de ses camarades la terreur qui s'était emparée du sien.

Le résultat de sa harangue fut qu'il irait sur-le-champ rendre compte au commandant de la maréchaussée à Blois de ce qu'il avait vu, et qu'en attendant de nouveaux ordres les trois brigades iraient reprendre leur station.

Pour soutenir mon rôle jusqu'au bout, je recommandai au brigadier qui était resté en arrière pour me faire ses adieux, d'obtenir du commandant qu'on envoyât des troupes suffisantes pour déloger les êtres surnaturels et malfaiteurs qui habitaient la tour de ce château depuis trois ou quatre siècles.

« N'y comptez pas, me dit-il en s'approchant de mon oreille..., et si j'ai un conseil à vous donner, en récompense du bon accueil que j'ai reçu de vous, c'est de ne pas rester dans un lieu où vous vous réveillerez quelque jour avec la tête de moins. » Cela dit, il remonte à cheval, s'approche du pied de la tour, et appliquant sa bouche à une meurtrière, il fait retentir ces mots dans l'intérieur : *Je tiendrai ma promesse;* et il s'éloigne au galop.

J'ai voulu, ma chère Émilie, vous raconter dans ses moindres détails une aventure tragi-comique qui a déjà produit une sorte de révolution dans le caractère d'Anatole : il reprend à la vie, au courage, à l'espoir. Ce matin il me disait avec un sourire depuis long-temps banni de ses lèvres : « Mon ami, nous l'enlèverons, nous avons pour nous l'amour et la maréchaussée. » Croiriez-vous que j'en suis venu au point moi-même de caresser cette idée toute extravagante qu'elle doit vous paraître ? Nous en sommes à chercher les moyens d'agir, et c'est jusqu'ici l'écueil où viennent se briser nos espérances. Je ne crains qu'une chose, c'est une seconde attaque du château avant que nous ayons exécuté un projet qui n'est pas encore définitivement arrêté.

Chère Émilie, dans toutes mes lettres je ne vous

parle que des chagrins d'Anatole : celle-ci eût été consacrée tout entière à vous parler de mon bonheur, si j'avais voulu répondre à ces derniers mots de la vôtre : « Que je vous dois d'amour et de reconnaissance pour les soins que vous donnez à *notre* frère ! »

LETTRE CX.

LE MÊME A LA MÊME.

1787.

Anatole avait détruit toutes mes objections et levé tous mes scrupules; j'avais fini par convenir avec lui que le projet de l'enlévement de Cécile n'avait rien qui blessât la loi naturelle, civile, ni même religieuse, et qu'il n'outrageait qu'un préjugé stupide et barbare que le fanatisme avait introduit dans nos mœurs. Je n'exigeais plus de lui, pour m'occuper des moyens d'exécution, qu'une preuve incontestable qu'une pareille entreprise aurait l'assentiment de Cécile; il me l'a fournie en m'apportant les deux lettres ci-jointes, dont il me permet de vous faire passer la copie. La première est la lettre dont il avait chargé le cavalier de la maréchaussée, et que celui-ci fit remettre à Cécile par l'entremise de sa sœur la tourière; la seconde est la réponse de

Cécile, qui lui est parvenue hier par le même moyen.

Attendez-vous, ma chère Émilie, à quelque grand événement.

LETTRE CXI.

ANATOLE A CÉCILE.

1788.

Cécile, vous les reconnaissez ces caractères tracés d'une main tremblante, et vos yeux parcourent avec effroi un écrit où vous craignez de trouver à chaque ligne la preuve de l'état funeste où votre abandon m'avait réduit. Hélas! je l'ai retrouvée cette raison fatale, et c'est à elle seule que mon cœur demande compte aujourd'hui des nouveaux devoirs que vous avez embrassés et des anciens sermens que vous n'avez point trahis. En recouvrant mes sens, je me suis interrogé sur les conditions auxquelles j'étais rendu à la vie. L'amour, l'amour impérissable avait dénaturé mon être; pour moi, désormais, plus d'amitié, plus de vertu, plus d'espoir de ce côté du tombeau; j'étais tombé du faîte du bonheur dans l'abîme de l'infortune. Cécile s'était retirée de moi, je restais seul dans un monde qui n'avait plus d'objet à mes yeux; qu'avais-je à faire de la vie? Chacun de mes jours s'obscurcissait du souvenir des autres; je résolus de mourir.

L'heure était venue; j'allais terminer mon supplice.... Quelle puissance a désarmé mon bras?.... Un enfant....

<blockquote>The child of misery baptis'd in tears.</blockquote>

Oui, Cécile, c'est un ange, c'est Nathalie qui s'oppose au dernier acte de mon désespoir. Charles, qui connaissait mon dessein, avait obtenu de moi que j'en différasse l'exécution jusqu'au retour d'un petit voyage dans sa famille que je l'avais forcé d'entreprendre.

Quel autre que Cécile sur la terre pourrait se faire une idée de la révolution qui se fit en moi?

Au moment où je pressai ma fille sur mon sein, où je la couvris de mes baisers et de mes larmes, que j'eus honte de moi, de mon amour même, en songeant qu'il avait pu étouffer dans mon cœur jusqu'à l'instinct irrésistible de la nature! Pressé de mettre un terme à mes propres souffrances, la pensée de ma fille ne s'était donc point offerte à mon esprit; en songeant à me délivrer de la vie, j'avais pu consentir à en rejeter sur elle le douloureux fardeau. Moi, mourir! non! non! J'ai vu Nathalie, j'ai reçu ses caresses, je viens de relire la lettre que Cécile m'écrivit au moment où elle consacrait à Dieu des jours qui m'appartiennent; je puis vivre encore!

LETTRE CXI.

Apprends, ma Cécile, que depuis quatre mois j'ai fixé ma demeure aux *Bruyères*; que j'y habite une chambre consacrée par d'ineffables souvenirs, et que du haut de la terrasse où je t'écris je découvre le clocher de ton couvent.

Je pénétrerai dans cet asile du désespoir; je t'arracherai vivante de la tombe où tu t'es ensevelie.... Par quels moyens arriver jusqu'à toi? Je ne sais; mais Charles me prête son secours, et souvent l'entreprise devient facile par ses difficultés mêmes.

Telle est, sur ce point, ma volonté ferme, inébranlable, que je ne suis pas même arrêté par la crainte des périls où je t'expose.

Que nous importent des dangers dont le bonheur suprême doit être la récompense? Ta présence ou ton absence, voilà pour moi la vie ou la mort.

Que cette lettre soit fidèlement remise entre tes mains, et l'exécution de notre projet est assurée. Tu n'en douterais pas, Cécile, si tu savais par quel concours d'événements incroyables cette lettre a pu te parvenir. Un mot, un seul mot de réponse par la même voie, et nos destinées s'accomplissent.

Adieu de nous qui sommes toi.

LETTRE CXII.

CÉCILE A ANATOLE.

Laguiche, 1788.

Est-ce un songe?... Anatole! Nathalie! ces noms ensevelis dans mon cœur ont frappé mon oreille.... Vous vivez, vous respirez? vous respirez à quelques pas de l'infortunée Cécile, et l'immensité nous sépare, je ne vous reverrai jamais; des murs de fer s'élévent entre nous!... « Un mot, as-tu dit, et je vole à ton secours, et nos destinés s'accomplissent. »

Entendez-le, mon cher Anatole, ce cri de l'amour et du désespoir, dont je fatigue en vain depuis six mois le ciel inexorable... Accourez, et pour écarter l'idée des périls dont votre entreprise me menace, songez aux tourments affreux dont vous seul pouvez me délivrer; de quels malheurs n'achèterai-je pas les délices d'un jour passé près de vous dans les larmes !

Mon ami, mon unique ami, songez que vos propres souffrances ne peuvent vous donner l'idée des miennes : l'égarement de votre raison en a du moins suspendu la durée ; quand vous l'avez recouvrée, vous avez pu gémir dans le sein d'un ami ; vous avez pu embrasser votre fille.... votre fille !... Mais moi, Anatole ! jetée par la douleur au pied des autels, où m'enchaîna le désespoir, je n'y ai trouvé que la religion des souvenirs, l'ombre de ma mère, la double image d'Anatole, et l'effroyable pensée de survivre aux objets de mes éternelles affections.

Telle était, cette nuit encore, l'horreur de l'existence à laquelle je me voyais condamnée.

Ce matin, la sœur tourière, un ange du ciel entr'ouvre ma cellule, et, sans me dire un mot, vient placer votre lettre sur mon prie-dieu ! Recevrez-vous ma réponse ?... pourrez-vous la lire ; j'écris avec une aiguille de plomb dans les interlignes de votre lettre, et je confie le sort de ce papier à la même providence qui me l'a fait parvenir.

LETTRE CXIII.

CHARLES D'ÉPIVAL A MADAME DE NEUVILLE.

1788.

Cécile est au milieu de nous depuis quelques heures, et c'est le cœur encore agité des violentes émotions de la journée, que je prends la plume, ma chère Émilie, pour vous rendre compte de ce grand événement.

La lettre de Cécile avait fait taire jusqu'à mes derniers scrupules, et depuis ce moment nous n'étions occupés que des moyens d'exécuter notre projet d'enlèvement. Nous avions épuisé sans espoir de succès les combinaisons les plus romanesques, et nous en étions arrivés à ce point d'extravagance, que nous délibérions froidement si nous ne renouvellerions pas la tentative exécutée il y a quelques années, dans le même but et dans le même lieu, par le duc de Fr.....[1] Cependant l'imagination d'Ana-

[1] En 1780, le duc de Fr.... mit le feu au couvent de Laguiche, pour enlever une religieuse dont il était épris.

tole lui-même s'effrayait à l'idée d'une entreprise qui portait le caractère d'un véritable délit et dont il était impossible de calculer les suites. Nous avions fini par nous arrêter au projet vulgaire d'une escalade de nuit; il ne s'agissait plus que d'en faire prévenir Cécile, et, pour cela, il devenait indispensable de mettre mademoiselle d'Amercour dans notre confidence. Je m'en étais chargé, et c'est dans cette intention que je devais me rendre le lendemain à Montfleury.

Vous ne doutez pas, ma chère Émilie, que je ne me sois adressé à moi-même tous les reproches que vous me faites en ce moment sur la résolution coupable de compromettre cette jeune personne en lui assignant un rôle dans une intrigue de cette nature : fort heureusement le hasard nous épargna cette démarche, et vint nous offrir des dangers plus dignes de nous.

La Loire croissait à vue d'œil depuis quelques jours, et tout faisait craindre un de ces affreux débordements auxquels cette rivière est sujette. Ce matin, à trois heures, nous sommes éveillés par les cris des gens de la campagne rassemblés autour du château, et par le son lointain des cloches de toutes les paroisses riveraines. Nous descendons à la hâte, Anatole et moi, et nous apprenons que la Loire, débordée pendant la nuit, avait envahi la campagne environnante sur la rive gauche et s'élevait déja à la hauteur de la terrasse de l'abbaye.

Vous croirez facilement qu'Anatole n'eut pas besoin d'en entendre davantage; en moins d'une demi-heure, lui, moi, et le fidéle Lambert, nous avions franchi les deux lieues qui nous séparaient du couvent.

Je ne m'amuserai point à vous décrire le spectacle effrayant qui s'offrit à nos yeux: les bateaux, les moulins brisés, les marchandises, les meubles, des chevaux, des bœufs, des moutons à la nage, des fragments de terrain, des pans de murailles, en un mot tous les débris d'un immense naufrage, emportés par les flots qui les choquent et les mettent en piéces dans leur cours impétueux; sur la rive, des scènes plus désolantes encore: des chaumières, des fermes, des maisons que les eaux environnent et qu'elles menacent d'engloutir avec leurs habitants; femmes, enfants, vieillards, réfugiés sur les toits, remplissent l'air de leurs gémissements.

Dans ce désastre général, un seul objet fixe notre attention: les eaux ont renversé l'espéce de digue que leur opposait la terrasse des jardins du monastère de Laguiche qu'elles inondent; déja elles ont couvert le rez-de-chaussée du cloître, et poursuivent les religieuses qui ont cherché un refuge dans le clocher, et se montrent à toutes les ouvertures, où elles multiplient en vain les signaux de détresse: aucun batelier n'oserait approcher du couvent, battu de toute la violence des flots, et qui ne semble abordable d'aucun côté.

Cette remarque ne fait qu'accroître notre ardeur. Anatole s'est emparé d'une petite barque vide qui venait d'échouer sur la grève; nous y sautons avec lui, et nous la remettons à flot. Nous secondons, avec nos rames, l'impétuosité du courant qui nous porte sur l'abbaye; des cris s'élèvent de toutes parts, notre perte paraît certaine. Mais, familiarisés, comme nous le sommes tous trois, avec les dangers de la navigation, nous manœuvrons notre barque avec assez d'adresse pour la faire entrer dans la seconde cour du couvent où l'eau tranquille nous offrait l'abri d'un port.

Après avoir attaché la barque aux barreaux d'une fenêtre basse, nous entrons dans l'eau jusqu'à la ceinture, et nous pénétrons dans l'intérieur du couvent. Nous nous dirigions vers l'église, à travers un long corridor, lorsque Lambert, qui avait pris une autre direction, fit retentir la voûte du cloître de ce cri: *Par ici! la voilà!*

Nous nous hâtons de le joindre, et jugez de notre ravissement: une religieuse, c'était Cécile, se trouvait en quelque sorte suspendue entre l'eau et la voûte, au haut d'un vaste reliquaire élevé sur quatre minces colonnes de bois d'ébène. Il me serait aussi impossible de vous peindre en ce moment les émotions dont nous fûmes saisis, que de vous expliquer par quels moyens nous parvînmes à enlever Cécile du refuge où elle s'était évanouie, et à la transporter dans la barque : je serais obligé d'employer à recueillir mes idées à ce sujet, le temps dont j'ai besoin pour achever mon récit.

Le jour tombait lorsque nous sortîmes de l'enceinte du monastère, et les eaux qui commençaient à baisser nous laissaient la crainte d'être rencontrés dans notre fuite par quelques uns des bateaux qui s'approchaient du couvent. Cette inquiétude nous décida à nous laisser emporter au courant, au risque de doubler le trajet que nous aurions à faire pour nous rendre du rivage au château.

Cécile avait repris ses sens, et s'abandonnait avec délices aux sentiments mêlés d'amour et de terreur qui bouleversaient son être.

Quel tableau, ma chère Émilie, que celui de notre barque errante au gré des flots rapides, à la clarté de la lune, dont les doux rayons semblaient aussi caresser avec amour la figure de Cécile ! Rien ne pourrait vous donner l'idée du charme de sa personne sous le lin et la bure, où elle était en quelque sorte ensevelie, soutenue et penchée sur un des bras d'Anatole, ses beaux yeux élevés vers son amant qui attachait sur elle des regards idolâtres. J'étais obligé moi-même de détourner les miens de cette ravissante peinture, pour diriger le long du rivage notre barque dont je tenais le gouvernail, tandis que l'intrépide Lambert, la gaffe à la main, nous faisait éviter les écueils au milieu desquels nous étions emportés.

Il était nuit lorsque nous abordâmes, deux lieues au-dessous du village de Chouzy, dans une espèce de cale qui sert d'abreuvoir, et dont Lambert connaissait l'emplacement.

Descendus à terre et forcés d'éviter toutes les habitations qui se trouvaient sur notre route, nous nous trouvâmes dans un embarras extrême. Cécile, accablée de fatigue et embarrassée dans la longue et pesante robe dont elle était couverte, ne pouvait faire un pas; la longueur et la difficulté du chemin que nous avions à faire à travers les prés et les vignes ne permettait pas à Anatole de la porter pendant un trajet de plus de trois lieues, et je doute qu'elle eût voulu se confier aux bras d'un autre. L'industrieux Lambert imagina un moyen de transport qu'il exécuta sur-le-champ. Au moyen de quelques échalas arrachés dans les vignes, et qu'il lia fortement avec différentes parties de nos vêtements, que nous déchirâmes en lanières, il eut bientôt fabriqué une espèce de chaise à porteur où nous plaçâmes Cécile, que nous transportâmes ainsi avec beaucoup de facilité.

Arrivés à une demi-lieue des *Bruyères,* Anatole prit les devants, et courut au château pour nous en faciliter l'entrée, par une des portes de la forêt, sans que le concierge lui-même pût avoir le moindre soupçon du nouvel hôte que nous allions introduire au château.

Ces dispositions faites dans l'intérieur, Anatole alla nous attendre à la petite porte de la forêt, s'empara de Cécile, et la conduisit, par les corridors souterrains, jusqu'à la chambre où l'attendaient auprès d'un grand feu la nourrice et Nathalie.

Non, ma chère Émilie, jamais la scène dont je viens d'être témoin ne sortira de ma mémoire. Cécile entre dans cette chambre déjà consacrée par de si chers souvenirs; elle aperçoit sa fille, pousse un cri d'amour, et va se précipiter aux genoux de la nourrice qui tient l'enfant dans ses bras, et qui n'a pas le temps de se lever pour la présenter à sa mère....

« Nathalie! ma fille! c'est moi!.... c'est ta mère!.... lui disait-elle en la couvrant de baisers et de larmes.... Mon Dieu! faites que ce ne soit point un rêve!.... » Et elle cherchait à s'assurer de son bonheur en regardant autour d'elle, en prenant tour-à-tour les mains d'Anatole, celles de la nourrice, en invoquant mon témoignage d'un son de voix qui retentira long-temps à mon oreille. L'enfant, que l'action si vive de sa mère aurait dû effrayer, semblait au contraire partager l'ivresse dont elle était l'objet, et répétait en agitant en l'air ses petits bras: *Maman....
Cécile!....*

La mère, transportée à ces mots, se lève avec Nathalie, et la remet aux mains d'Anatole, qui s'enivre de bonheur en les pressant toutes deux sur son sein.

C'est à vous, mon aimable amie, d'achever ce tableau en vous représentant la nourrice debout, en extase, les mains jointes, et marmottant une prière où l'on ne distinguait que ces paroles vingt fois répétées: « Mon doux Jésus, prenez pitié de nous; » et moi, qui conservai assez de sang-froid pour éteindre, sans qu'on s'en aperçût, le feu qui avait pris au long manteau de mousseline de la petite, tombé près de la cheminée, et dont la flamme allait se communiquer aux vêtements de la nourrice.

Après quelques moments donnés aux transports d'une joie qu'Anatole et Cécile n'exprimaient que par des soupirs et des sanglots, nous commençâmes à nous reconnaître et à nous familiariser avec l'idée de notre bonheur.

Lambert, qui n'avait pas perdu son temps depuis notre arrivée, vint nous avertir qu'il avait dressé une petite table dans la salle voisine, où nous trouverions un souper servi à la hâte.

Nous sortîmes pour donner à Cécile le temps de changer ses habits mouillés dans la barque. Anatole la prévint en riant qu'elle trouverait dans cette même chambre ceux qu'elle y avait laissés, et nous

nous retirâmes dans la mienne pour réparer le risible désordre de notre toilette.

Cécile ne reparut qu'au bout d'une heure; elle avait passé ce temps auprès du berceau de Nathalie qui s'était endormie sur ses genoux.

Je ne sais de quel souvenir Anatole fut frappé en la revoyant vêtue d'un simple fourreau de mousseline, et la tête couverte d'un béguin de dentelle noué sous le menton; mais il y avait quelque chose de plus que de l'admiration dans le mouvement de surprise qu'il témoigna, et dont la rougeur subite de Cécile pourrait bien m'avoir révélé le mystère. Tout ce que je puis dire c'est que la pudeur, la vertu, la grace, et la volupté ont pris une forme humaine, et se sont montrées à mes yeux sous la seule figure de Cécile. Si cette apparition a fait sur moi un pareil effet, vous pouvez vous figurer le ravissement d'Anatole.

L'enfant dormait dans la pièce voisine, dont la porte était ouverte; Cécile appela la nourrice, qui vint se mettre à table avec nous. Nous avions tant de choses à nous dire, que la nuit entière se serait écoulée dans un entretien où chacun de nous avait à répondre à des questions d'un égal intérêt pour tous, si la nourrice ne nous eût fait souvenir que *sa fille* avait besoin de repos. Cécile, à ce nom de *fille*, se jeta dans les bras de la nourrice, et se leva pour la suivre. Anatole lui baisa tendrement la main, et je l'emmenai dans la chambre qu'il avait fait préparer lui-même tout auprès de la mienne.

Il était plus de minuit lorsque nous nous sommes séparés. Je me suis levé à cinq heures pour vous écrire et profiter du courrier de Romorantin, qui arrivera plus vite que l'exprès que j'aurais pu vous envoyer.

Maintenant reste à savoir l'effet qu'aura produit l'enlèvement de Cécile : dans tous les cas, je fais mes dispositions pour mettre mes amis en mesure de quitter le pays, de peur que nous ne soyons surpris par l'événement qui pourrait nous forcer à prendre la fuite. Je vous engage, ma chère Émilie, à ne pas différer de plus de trois jours la visite que vous voulez nous faire avec Pauline : prévenez-moi seulement du jour de votre arrivée, afin que je prenne pour cette entrevue quelques précautions indispensables.

LETTRE CXIV.

ANATOLE A ÉMILIE DE NEUVILLE.

1788.

Quel bonheur, ma tendre amie, que tu n'aies pas différé de quarante-huit heures ta visite aux Bruyères! Tu ne nous y aurais plus trouvés, et Cécile, en quittant la France peut-être pour jamais, n'aurait pas emporté le délicieux souvenir d'une journée tout entière passée entre toi et sa chère Pauline, après une séparation déchirante et qui semblait devoir être éternelle. Quelle entrevue que celle des deux jeunes amies dans le petit oratoire aux vitraux coloriés, où leur entretien se prolongea si long-temps, et auquel Charles et moi n'avons pas obtenu la faveur d'être admis! Il était sept heures du soir lorsque nous nous séparâmes aussi mystérieusement que nous nous étions réunis, et fort heureusement, comme vous l'apprendrez tout-à-l'heure, sans que le vieux concierge eût vu entrer ou sortir personne.

Le bonheur dont nous venions de jouir se répandit sur le reste de la soirée, que nous achevâmes dans ce même oratoire que vous veniez de quitter, au milieu d'un chaos de sensations, de souvenirs, et d'espérances, dont nous jouissions sans chercher à en débrouiller les éléments.

« Je sais, me disait Cécile, que de grands malheurs nous attendent encore, mais n'en avons-nous pas déja reçu le prix? La vie, Anatole, c'est aimer, c'est être aimé; le reste n'est que la mort.... » Charles interrompit cette délicieuse causerie, en nous annonçant qu'il fallait se lever le lendemain de bonne heure pour s'installer dans la tour des Archives, jusqu'à notre départ qu'il croyait pressant de ne pas différer.

« Depuis deux jours, ajouta-t-il, je vois rôder autour du château des gens dont la figure m'est suspecte, et il faut prévoir le cas où nous serions obligés de nous échapper par les oubliettes. » Sans croire le danger aussi prochain, je suis convenu de la nécessité de prendre nos précautions.

Hier, à la pointe du jour, Charles, moi, et Lambert, nous étions à l'ouvrage, et avant que Cécile se fût levée, tout était prêt pour notre changement de domicile.

A dix heures, nous déjeunions sur la terrasse, et l'enfant sur les genoux de sa mère lui montrait du doigt le clocher de Laguiche. Nos regards, qui n'avaient pas attendu l'avertissement de Nathalie pour se porter de ce côté, s'y fixaient avec un intérêt plus vif: tout-à-coup, je vois Charles se lever, et monter sur la plate-forme de la tour; il en redescend avec précipitation et donne l'ordre à Lambert d'aller lever le pont-levis et fermer toutes les portes et toutes les fenêtres de la façade du château.

« Qu'est-ce donc? lui demandai-je.

— Rien; quelques hommes en armes qui s'avancent de ce côté. »

Le sang-froid de Charles n'en imposa pas à Cécile qui s'écria, en serrant plus fortement sa fille contre son cœur en s'emparant de ma main: «Ma fille! Anatole! ils viennent m'arracher de vos bras!....

— Jamais, lui dis-je; nous sommes réunis à la vie et à la mort....

— Ne craignez rien, reprit Charles, nous sommes en sûreté dans la tour, et pour peu que nous nous y maintenions aussi long-temps que les Bohémiens nos prédécesseurs, ajouta-t-il en riant, c'est avec les arrière-neveux des petits-enfants de Nathalie, que les assiégeants auront à traiter de la reddition de cette citadelle. En attendant, qu'on se souvienne que je commande la place, et que c'est à moi seul que les habitants et la garnison doivent obéir. »

Après avoir mis Cécile, Nathalie, et la nourrice en sûreté dans la salle de Tristan, dont nous avions su rendre les abords impraticables, chacun de nous se rendit à son poste; j'allai prendre le mien dans l'espèce de lanterne où se trouve la grosse cloche du château, d'où je pouvais entendre et voir, sans être vu, tout ce qui se passait dans la première cour.

Vers onze heures, un détachement de trente hommes du régiment de Picardie se fait ouvrir la grille et vient se mettre en bataille en face du pont; le commandant fait venir le concierge et le somme, au nom du roi, de lui livrer l'entrée du château.

« Eh! monsieur l'officier, lui répondit le bon homme Mouret, on ne vous a donc pas dit que c'est au nom du diable qu'il faut parler ici pour se faire obéir?

— Point de réplique; qu'on me fasse venir le maître du château.

— Il faudrait que j'y pusse entrer moi-même, et vous voyez bien qu'ils ont levé le pont.

— Combien sont-ils?

— Dieu le sait, monsieur le commandant.... De jour je n'en ai jamais vu que trois; mais la nuit ils sont au moins dix mille, à en juger par le tapage infernal qu'ils font quelquefois.... »

Après de longs pourparlers avec le concierge, que

le jeune officier dut prendre pour un fou: « Terminons, dit ce dernier; vous ne pouvez pas m'introduire dans ce donjon, nous saurons y pénétrer sans vous.

« — Allez, monsieur le commandant, et que Dieu vous ait dans sa sainte garde. »

L'officier donne aussitôt à ses soldats l'ordre et l'exemple de descendre dans une partie du fossé qui se trouvait à sec; là chacun d'eux cherchait l'endroit le plus commode pour s'élever sur l'autre bord, quand tout-à-coup l'écluse, dont nous étions maîtres, s'ouvre et verse quatre ou cinq pieds d'eau sur le terrain profond qu'ils occupent.

A cela près du bain forcé que nous leur faisons prendre, l'officier et sa troupe parviennent sans autre obstacle à prendre possession du corps de logis principal, qu'ils parcourent sans trouver personne.

Autre interrogatoire que l'officier fait subir au concierge, qu'on amène une seconde fois devant lui.

« Ce château n'est-il pas habité par deux jeunes gens?

— Depuis qu'il a changé de maître, il y a quelques mois, il est occupé par deux hommes que j'ai vus plusieurs fois, mais dont il me serait bien difficile de vous donner le signalement, puisqu'ils ne se sont jamais montrés à moi sous la même figure:

tout ce que je sais, c'est qu'ils ont un valet aussi extraordinaire que ses maîtres; on ne sait où le prendre: il est dans le château; on le voit à une fenêtre; on entre, il ne se trouve plus : on l'aperçoit dans la campagne avec son levrier; on se retourne, et on le découvre au haut de la tour, une grande lunette à la main.

— Ces hommes, le jour de la grande inondation, n'ont-ils pas amené une jeune religieuse qu'ils ont enlevée du couvent de Laguiche?

« — I s en auraient enlevé cinquante, que cela ne me surprendrait pas; mais, pour dire la vérité, il est certain qu'ils ne les ont pas amenées ici, par la raison que depuis ce jour-là ils n'y sont pas rentrés eux-mêmes.

— Nous en serons plus sûrs après la visite générale que nous allons faire; interrompit l'officier; et sur-le-champ il divisa son détachement en deux sections: l'une fut chargée de fouiller le parc et les environs, tandis qu'avec l'autre il se chargea de visiter le bâtiment et ses dépendances.

Après avoir couru de chambre en chambre et s'être bien fatigué à suivre de longs corridors qui s'entrecoupaient comme les allées d'un labyrinthe, et le ramenaient sans cesse au point dont il était parti, il voulut forcer le concierge à lui servir de guide: celui-ci l'assura qu'il avait tout vu, à l'exception de la tour enchantée, où sans doute il n'avait pas l'intention d'aller chercher une mort certaine; et à ce propos il entama le récit de tous les événements surnaturels dont cette tour avait été le théâtre, des légions de farfadets qui s'en étaient emparés depuis plusieurs siècles, et du sort éprouvé par tous ceux qui avaient osé jusqu'ici en tenter l'aventure.

« Vous aurez une histoire de plus à raconter, interrompit le commandant, qui s'apercevait de l'attention inquiète que ses soldats apportaient aux récits du vieillard. Indiquez-nous seulement l'entrée de cette masure.

« — Je le vois bien, vous ne me croyez pas, reprit Mouret; il ne voulut pas me croire non plus ce brigadier de maréchaussée qui entra le mois dernier dans cette tour. Allez lui demander dans quel état il en est revenu, et offrez-lui dix mille écus pour vous servir de guide; vous verrez s'il les accepte. »

Les détails de cette dernière anecdote portaient un tel caractère de vérité, et il était d'ailleurs si facile de s'en convaincre, puisque le témoin que l'on invoquait se trouvait encore à Blois, que le commandant donna sur-le-champ l'ordre à un caporal de sa petite troupe d'aller chercher cet homme et de l'amener avec lui.

Le brigadier arriva, et répondit aux questions

qu'on lui adressa avec le sentiment d'une terreur profonde, qui avait un double motif. « J'ai fait mon rapport, ajouta-t-il, et je déclare qu'à moins de démolir cette tour à coups de canon, il n'y a pas moyen de s'en rendre maître.

— Je connais un moyen plus simple, c'est d'avoir du cœur.

— Je ne crois pas en manquer, commandant; j'ai fait mes preuves, et je ne me montrerais sensible à ce reproche que si vous me l'adressiez encore au retour de l'expédition que vous projetez.

— Vous ne tarderez pas à l'entendre. »

En achevant ces mots, l'officier fait charger les armes, et traverse hardiment, avec sa troupe, la galerie en ruines qui conduit à la tour des Archives.

Pour que vous pussiez suivre ce brave jeune homme dans l'expédition périlleuse où il s'engage, il faudrait commencer par vous mettre sous les yeux la carte du pays, ou du moins vous rappeler dans tous ses détails la lettre que j'écrivis à Cécile pendant son voyage, et qu'elle vous aura sans doute communiquée; mais, pressé par le temps, je dois me borner à vous faire part des résultats.

Nos dispositions étaient faites pour arrêter l'ennemi à chaque pas; mais nous voulions nous tirer d'affaire sans qu'il en coûtât la vie à personne, et pour cela ne prendre avantage que de la connaissance du terrain et des moyens de terreur que nous avions organisés. Le plus infaillible, comme le plus inoffensif, était l'obscurité profonde où nous plongions les assaillants quand nous en étions serrés de trop près, en éteignant leurs flambeaux et en les forçant de suspendre leur marche pour les rallumer.

Cependant ils étaient parvenus dans la salle aux deux rideaux rouges[1], et s'y étaient arrêtés pour y tenir conseil. S'ils pénétraient plus avant, comme l'intrépide commandant y paraissait décidé, nous étions obligés de chercher un dernier refuge dans le souterrain des oubliettes. J'étais bien sûr qu'ils ne nous y suivraient pas; mais comment y descendre sans danger l'enfant et la nourrice avec toute la précipitation qu'exigerait une pareille mesure?

Il n'y avait pas un moment à perdre. Nous interrompons la conférence en introduisant dans la salle des torrents de fumée qui les suffoquent; et, pour hâter leur retraite, une voix terrible se fait entendre : « Un pas de plus, et votre destruction est certaine; cette voûte va crouler sur vos têtes. »

Pour toute réponse, l'officier s'élance l'épée à la main vers le lieu d'où partait la voix; mais sa troupe, au lieu de le suivre, rebrousse chemin, et le laisse

---

[1] Voir la lettre LXXXV du second volume.

s'escrimer au milieu des ténèbres, où nous parvenons facilement à nous en rendre maîtres.

« Vous êtes en notre pouvoir, lui dit la voix mystérieuse qui s'était déja fait entendre, et rien ne peut vous soustraire à notre vengeance que notre admiration pour votre courage. Non seulement nous vous laissons la vie, mais nous consentons à vous rendre la liberté, si vous jurez sur l'honneur de vous retirer à l'instant même avec votre troupe.

— J'y consens, reprit l'officier; mais qui que vous soyez, je vous préviens que la parole que je vous donne ne saurait m'engager au-delà de trois jours, et que, ce terme expiré, je reviens ici venger mon injure personnelle, et vous demander compte, à la tête d'une force respectable, de la rébellion aux ordres du roi dont vous vous êtes rendus coupables, et dont vous devez prévoir les suites. »

Cet engagement nous suffisait; nous l'acceptâmes. Lambert, sous le costume grotesque d'un magicien, fut chargé de reconduire notre prisonnier, après lui avoir bandé les yeux, jusqu'à la galerie éclairée, qui le ramena dans le corps de logis principal.

Quelques moments après nous entendîmes battre le rappel. Le détachement se réunit dans la cour d'honneur; l'officier se mit à la tête de sa troupe, et, sans adresser un seul reproche à personne, il sortit du château.

P. S. Après son départ, nous avons songé nous-mêmes à évacuer la place, où nous pouvions craindre de nous voir cernés dès le lendemain....

A cinq heures du soir.

Charles est allé s'assurer d'une *cabane*[1].

La nuit est venue : nous nous acheminons en silence vers la voiture qui nous attend dans la forêt.

Il est dix heures; nous sommes embarqués, et quand vous recevrez cette lettre, écrite en présence des événements, nous serons déja loin de vous. Les fugitifs embrassent Émilie et Pauline de toute la force de leur cœur.

[1] Bateau couvert, en usage sur la Loire.

LETTRE CXV.

CÉCILE DE CLÉNORD A SON PÈRE.

1788.

Mon père,

Peut-être me pardonnerez-vous de vous appeler de ce nom, quand vous aurez la certitude que je vous le donne pour la dernière fois? J'ai trahi des vœux que m'avait imposés la terreur d'un hymen auquel vous vouliez me contraindre, et je m'exile sur une terre étrangère où j'emporte le souvenir sacré de ma mère : dans quelques heures j'aurai perdu de vue la terre où j'ai reçu le jour, et sur laquelle vous ne m'avez pas permis de vivre.

Je n'ai point à vous demander le pardon de mes fautes; j'en trouve l'excuse dans le désespoir où vous m'aviez réduite, et j'ose croire que les maux affreux que j'ai soufferts les ont suffisamment expiées.

Quand, dans l'âge de la soumission la plus entière, j'abjure tout sentiment de dépendance; quand je vais demander à d'autres cieux un autre père, une autre patrie, j'ai besoin, pour me réconcilier avec moi-même, de me rappeler sous quelle influence cruelle j'ai eu le malheur de naître; elle se fit sentir dès la première heure de ma vie, lorsque vous forçâtes la plus tendre des mères à me faire nourrir d'un lait étranger.

Quelques années de mon enfance passées près de vous n'ont pu distraire un moment votre pensée des vues d'intérêt et d'ambition qui ont préoccupé votre vie.

A peine ma raison et mon cœur se sont-ils ouverts aux impressions des objets et des sentiments, que j'ai pu soupçonner la cause des pleurs que ma mère versait en secret.

Pour vous conformer aux usages de la noblesse, auxquels votre épouse aurait eu seule le droit de rester attachée, vous avez exigé que je fusse élevée dans un couvent. Vous espériez sans doute que j'y prononcerais un jour des vœux qui vous laisseraient le maître de disposer d'une immense fortune en faveur de mon frère.

Des considérations de même nature, et pourtant contraires à votre premier dessein, vous ont déterminé à me rappeler dans ma famille, après avoir promis ma main à un homme d'une haute naissance.

Ma mère, que vous aviez chargée, pendant votre absence, de me pressentir sur cet hymen, ne fut pas insensible aux témoignages de mon invincible répugnance, et parut espérer que vous renonceriez à votre projet. Je connaissais mieux le cœur de mon père, et déja je me préparais un asile dans ce cloître que vous m'aviez appris à aimer.

C'est alors que mon oncle (je n'avais pas encore le droit de lui donner un titre plus cher) revint sous le toit paternel....

Je ne vous dirai pas, et sans doute il vous importe peu de savoir par quelle inévitable destinée je fus conduite à prendre pour lui des sentiments dont la violence pouvait seule me révéler la source. Mon amour, ignoré de celui qui en était l'objet, me conduisait au tombeau; l'espoir de le voir partagé, me rendit à la vie.

Votre retour fit évanouir le rêve de bonheur auquel je m'étais un moment livrée. Le comte de Montford me fut présenté comme époux; vous avez vu mon désespoir sans en être ému; un délai de quelques semaines fut tout ce que mes prières purent obtenir de votre pitié : c'en était assez,.... je m'éloignais de vous....

Pendant ce fatal voyage, je perdis ma mère!.... ma mère qui avait reçu l'aveu de ma faute, et dont la piété si vive s'était laissé attendrir aux larmes de sa fille. Un seul motif au monde pouvait m'empêcher de voler auprès d'elle au premier signal de son danger : ce motif existait.... J'étais mère aussi!....

Vous frémissez.... Interrogez en ce moment votre cœur; le sentiment qu'il éprouve efface ma honte et adoucit l'amertume de mes regrets....

Orpheline, sous l'autorité d'un père, j'obéissais du moins à l'une de ses volontés, en cherchant au pied des autels un refuge contre l'hymen odieux où vous vouliez me soumettre. Des vœux sacriléges m'y avaient enchaînée, lorsqu'un événement où je pus voir un ordre du ciel m'avertit de les rompre. Anatole m'avait encore une fois sauvé la vie : elle lui appartenait à tant de titres !.... Pouvait-il n'en pas disposer?

C'en est fait; je fuis loin de vous. La nature et l'amour m'ont prescrit des droits et des devoirs : je n'en connais plus d'autres, et je vais chercher un pays où je sois libre de les remplir.

Adieu, mon père; le dernier vœu que je forme m'acquitte du seul bien que j'aie reçu de vous : puisse le souvenir de Cécile et de sa mère ne jamais troubler votre sommeil.

CONCLUSION.

La correspondance qui m'a été confiée se termine ici. Peut-être n'apprendra-t-on pas sans intérêt quel fut le sort d'Anatole et de sa jeune amie dans les régions nouvelles où leur amour se vit contraint de chercher un dernier et tutélaire asile.

C'est dans les mémoires manuscrits de M. de Césane que j'ai puisé les détails qu'on va lire, et qui me mettent à même de satisfaire sur ce point la curiosité du lecteur.

Les regrets que leur causèrent l'absence de la patrie et la séparation des amis qu'ils laissaient en France, furent tempérés par le souvenir de tant de persécutions et de douleurs. Un pressentiment, dont chaque jour augmentait la force, avertissait Anatole qu'un grand mouvement ne tarderait pas à bouleverser le sol natal. L'honneur monarchique, qui depuis trois siècles remplaçait parmi nous l'honneur chevaleresque, était au moment de s'éteindre. La démocratie, sous les formes et pour ainsi dire sous la livrée du pouvoir absolu, régnait dans tous les esprits. Cette confusion d'idées, ce chaos d'éléments politiques prêts à se confondre, avaient souvent été l'objet des entretiens de Charles et d'Anatole; et l'espérance d'une révolution, où ce dernier ne voyait encore qu'un moyen de réorganisation sociale, lui faisait regretter de s'éloigner de son pays dans un moment où il pouvait avoir besoin du concours de toutes les ames fortes, et de toutes les volontés énergiques.

Cependant Anatole, placé par une disposition singulière de sa destinée sous le charme des sentiments que lui inspiraient Cécile et Nathalie, aspirait au repos comme au bonheur suprême, et ne soupirait plus qu'après la retraite d'une vie obscurément paisible qui le laissât tout entier à ses tendres affections.

Charles, qui avait accompagné Anatole et Cécile jusqu'à Nantes, voulait absolument s'embarquer avec eux et aller les établir dans quelque coin des États-Unis, où il avait été convenu qu'ils se retireraient : les instances de Cécile et de nouvelles considérations, où il trouva la preuve qu'il serait plus utile à ses amis en restant en France qu'en les suivant en Amérique, le forcèrent à renoncer à ce projet.

Après un séjour d'une semaine à Paimbœuf, pendant lequel Charles s'occupa de tous les détails de l'embarquement, Cécile et sa fille, Anatole et le fidèle Lambert, montèrent à bord du navire les *Trois-Frères*, en chargement pour Boston. Quelque pénible que fût une séparation dont il était si difficile d'assigner le terme, on peut aisément s'en faire une idée; mais comment peindre le désespoir de cette bonne nourrice, dont l'attachement pour Nathalie ne pouvait être égalé que par celui de sa mère? Cette excellente femme voulait les suivre au-delà des mers, et il fallut lui rappeler que son abandon pouvait causer la mort de son mari, pour la déterminer à retourner dans son pays, comblée des bienfaits de Cécile.

Le 5 du mois de février 1788, le navire mit à la voile; et, après une heureuse traversée de trente-trois jours, nos jeunes voyageurs arrivèrent à Boston, où leur premier soin fut de faire bénir leur union par un prêtre catholique.

L'existence industrielle et commerçante des cités américaines avait peu de charmes pour la brillante imagination d'Anatole. A peine sortie des langes de son indépendance, l'Amérique était trop fière d'avoir reconquis ses droits, pour ne pas craindre de les compromettre en se livrant aux habitudes d'un luxe dangereux pour les monarchies et mortel pour les républiques. Ce n'était point la pompe de la civilisation européenne, qu'Anatole et son amie venaient demander à l'Amérique affranchie; mais ce n'était pas non plus cette vie monotone d'une activité toute matérielle, qui renferme l'homme dans un cercle de travaux physiques, et constitue des sociétés humaines sur le plan d'un royaume d'abeilles ou d'une république de castors. Ce qu'ils voulaient c'était une aimable solitude où ils pussent embellir la nature sauvage; c'était une habitation riante et commode où ils pussent, en réunissant leurs vœux et leurs souvenirs, se composer un bonheur placé si haut que le sort même n'y pût atteindre.

Après d'assez longues recherches, Anatole trouva sur les bords de la Susquehanna, dans la Pensylvanie, un lieu tel que son imagination le lui avait offert.

Il y conduisit Cécile (qu'il avait laissée à Philadelphie pendant ses courses), pour qu'elle choisît elle-même l'emplacement de leur future habitation. Deux forêts primitives, situées sur deux collines, descendent l'une vers l'autre par une pente très douce, et laissent entre elles une vaste et riante vallée. La Susquehanna, fleuve d'abord très impétueux, après avoir roulé ses eaux mugissantes sur les rochers qui hérissent le fond de la vallée, précipite son cours, et vient s'y briser en cataracte : après tant de furie, le fleuve étend dans la prairie la nappe limpide de ses ondes, dont la fuite s'annonce à peine par un léger murmure. Cette situation parut charmante à Cécile, qui dit à son ami : « Vois, Anatole, n'est-ce pas l'image de notre vie, orageuse avant la cataracte, paisible ensuite et obscure? »

CONCLUSION.

Le lieu choisi, Anatole en fit l'acquisition, et s'empressa de louer à Boston et à Philadelphie les bras nécessaires aux travaux qu'il fit aussitôt commencer. Il surveillait les ouvriers, traçait le plan du verger, et jetait les fondements de l'habitation principale que Cécile avait déja nommée *Beauvoir*.

Trois malheureux Écossais, chassés de leur pays pour avoir manifesté de l'attachement à la cause perdue des Stuarts; deux Irlandais plus malheureux encore, qui, privés dans leur patrie de leurs droits politiques, avaient été chercher dans l'Amérique la liberté de dire leur chapelet et de prier Dieu en latin, obtinrent d'Anatole l'autorisation de venir s'établir dans les limites de son domaine. Devenu sans le savoir fondateur d'une petite colonie, il partagea entre ces pauvres exilés les terres dont il n'avait pas besoin, et qui lui avaient été vendues à très bas prix. Bientôt la hache, la bêche et, le soc entr'ouvrirent pour la première fois le sein de cette terre virginale, et Anatole trouva le prix de ses bienfaits envers ses nouveaux concitoyens dans les services qu'ils s'empressèrent à lui rendre.

C'était un singulier spectacle que cette activité de quelques hommes accourus des points les plus éloignés du globe pour jouir, au fond d'un désert, de la liberté de conscience dont la société civilisée leur avait fait un crime. Anatole, qui se trouvait le chef naturel de Beauvoir, exerça sans pompe cette paisible magistrature.

Je commencerais un nouvel ouvrage, si j'entreprenais de soumettre à l'exactitude d'une description détaillée le genre de vie que la famille du sauvage Anatole menait dans ces solitudes. Les travaux champêtres, les jouissances paisibles, se succédaient par un contraste qui en relevait le prix. Il y a aussi une sorte de contentement inspiré par la grande régularité de l'existence ; et cette satisfaction pure, née d'un emploi complet de toutes les heures de la journée, est plus durable et plus profonde que celle dont nos passions et nos voluptés nous apportent l'image passagère. Ajoutons que peu de cœurs savent trouver dans leur propre fonds cette source intarissable de consolations et de joies.

Anatole et sa douce compagne, bien que livrés en proie au souffle dévorant de la passion qui avait tourmenté leur première jeunesse, n'avaient point reçu l'atteinte de ces habitudes de frivolité qui absorbent la vie et l'épongent, si j'ose parler ainsi, à mesure qu'elle s'écoule. Le tourbillon des mœurs brillantes et légères avait roulé près d'eux sans les entraîner, et l'espèce d'ingénuité qu'avait conservée leur esprit ne repoussait point avec dédain les travaux et les plaisirs naïfs de la nouvelle colonie.

La nature que tant de déclamateurs nous ont fait

méconnaître, par les travestissements dont ils la couvraient, était la seule dispensatrice des heures de nos colons. « A peine la hulotte bleue de l'Amérique, en voltigeant au-dessus des forêts, avait annoncé le réveil du jour, chacun était à l'ouvrage, sous la direction de Lambert que l'on avait reconnu comme inspecteur des travaux. Les uns élargissaient le bassin où tombaient les eaux du fleuve, afin de prévenir les inondations que la crue subite de ces eaux n'aurait pas manqué de causer. Anatole en personne allait diriger les travailleurs : sa voix ranimait l'activité, encourageait l'industrie, prêtait de nouvelles forces aux moins robustes, indiquait des ressources ou des expédients contre les obstacles qu'il fallait vaincre. A neuf heures, le premier repas était annoncé par le son, non d'une triste cloche, dont le bruit aigre rappelle des idées de destruction, mais du cor de chasse employé par les Canadiens, et qui fait retentir au loin les forêts de sa fanfare éclatante. Chacun après le premier repas commençait les travaux de défrichement et de jardinage. Le soir arrivait; on battait les bois voisins pour fournir à la nourriture des jours suivants, par les produits d'une chasse toujours abondante dans des forêts dont les détonations de la poudre n'avaient jamais troublé le silence. »

Ainsi se mariaient, chez les habitants de Beauvoir, l'ordre et l'indépendance : chacun contribuant au bien commun, partageait l'aisance de tous; et ce problème insoluble de la politique, l'intérêt de la république naissante se trouvait l'avoir résolu, en soumettant à une régle unique le libre développement des facultés de chacun.

Montesquieu a fait remarquer que les peuples heureux n'ont pas d'histoire; pour retentir dans la postérité, les peuples comme les fleuves ont besoin d'être grossis et troublés par l'orage. Un cours paisible fait leur bonheur, mais ne fait pas leur gloire. Aussi très peu de faits intéressants composent-ils les annales de Beauvoir jusqu'au moment où la petite colonie eut à repousser les agressions de ses voisins.

Anatole, en adoptant les dispositions d'ordre que j'ai rapportées et qu'un frère Morave, long-temps admis par les Herhnutes d'Allemagne, lui avait communiquées, s'était bien gardé de bannir les fêtes et les divertissements d'une société d'hommes laborieux réunis sous ses auspices. « Dès qu'un travail important se trouvait terminé, ou une industrie nouvelle introduite, une journée était consacrée aux jeux et au repos; on fixait, une semaine à l'avance, l'époque de ce délassement. Le bruit s'en répandait sur les rives de la Susquehanna, dont les habitants affluaient à Beauvoir et y apportaient, pour prix de l'hospitalité, des pelleteries et du vin. Les sauvages même de quelques tribus voisines venaient faire admirer leur adresse au jeu de paume et à la lutte, à laquelle s'exerçaient devant eux les hommes de la chair blanche.

Quelquefois on voyait plusieurs de ces Indiens se grouper sous une touffe d'arbres, pour donner aux colons une leçon de leur jeu favori, les osselets. Souvent aussi ils commençaient les jeux sauvages et les danses figurées de leur pays, véritable pantomime de la nature qui représente tour-à-tour un combat, une chasse, ou les agitations de l'amour. Ce sont des gestes qui parlent, des mouvements qui peignent des idées; c'est à-la-fois de l'éloquence sans paroles, de la poésie en action, de l'art dramatique sans dialogue : peut-être doit-on regarder ces danses comme le premier pas de l'intelligence humaine dans la carrière des arts.

Mais rien, au milieu des fêtes, des travaux de la colonie, au milieu de ces délassements et de ces occupations si naturelles et si douces, ne contribuait plus au bonheur des amants que le souvenir de leur vie passée. Ils se plaisaient à en reproduire l'image de toutes les manières: le soir, Cécile chantait, près du berceau de Nathalie, des vers qu'Anatole avait faits, et qui reproduisaient les émotions dont ils avaient été si long-temps tourmentés en France. On choisissait une saison propice pour aller explorer les rives magnifiques de la Susquehanna qui n'est navigable que sur une étendue de six lieues, le reste de son cours étant obstrué par les roches dont il est semé. La plus fréquente des excursions d'Anatole et de Cécile les conduisait à la cataracte, sinon la plus imposante, du moins la plus pittoresque de cette partie du monde; chaque fois ils allaient admirer, sous une face nouvelle, le vaste torrent d'écume et d'eaux bondissantes, qui, sous ses aspects toujours changeants, et selon le point de vue sous lequel on le considère, offre tour-à-tour une nappe d'eau paisible, un voile épais de vapeurs qui reflétent l'arc-en-ciel dans leur humide tissu, et une épouvantable confusion d'arbres, de débris entraînés par les flots furieux. Un naturel du pays leur raconta l'histoire du seul suicide, dont la tradition se soit perpétuée dans ces déserts. Un sauvage, qui avait attaché son canot à la rive, au-dessus de la cataracte, à l'endroit où les flots sont paisibles, revenait de la chasse à sa cabane située devant cet endroit même. Les Indiens d'une tribu voisine l'avaient pillée, et sa femme et ses enfants, prisonniers de guerre, avaient été, selon l'usage, massacrés et dévorés par les vainqueurs. Saisi d'un désespoir muet, l'Indien détache le lien qui retenait son bateau à la rive, s'y jette, se couvre de son manteau d'élan, s'abandonne au cours des ondes, et va se briser contre les rocs qui déchirent et dispersent les débris de sa barque et de son cadavre.

La colonie de Beauvoir ne comptait pas un an d'existence, et chaque jour voyait s'accroître sa prospérité, lorsqu'une circonstance imprévue fut sur le point de la détruire : un Écossais nommé Albyn, homme audacieux, d'une vigueur extraordinaire, se plaisait à s'engager, après les travaux du soir, dans ces forêts sans âge et presque sans limites dont Beauvoir était entouré. Un jour il entraîna tous les colons dans une de ces expéditions qui lui valaient quelquefois la prise d'un bison ou d'un daim sauvage. Les indigènes de ces bois, qui faisaient partie de la tribu célébre des Onéydas, s'étaient retirés à l'approche des Européens : mais quand on les alla chercher dans leurs forêts et à l'ombre de leurs vieux chênes, de leurs immenses magnolias, ils jurèrent de faire résistance aux usurpateurs; un premier combat eut lieu; les sauvages furent dispersés; mais les colons ne firent d'autres prisonniers qu'un jeune sauvage qu'ils emmenèrent avec eux.

Anatole qui avait appris avec peine un combat qui pouvait avoir des suites si funestes au repos de la colonie, ordonna que l'on délivrât le jeune captif. Onanthya, c'était le nom du sauvage, se croyait destiné au sort affreux des prisonniers, d'après le droit de guerre des nations barbares : il fut bien étonné de se voir mis en liberté; et les gestes du chef de la colonie et de ses concitoyens lui apprirent qu'il devait son salut à Anatole. Il se prosterna devant son libérateur, baisant ses pieds et ses mains, et prononçant dans l'idiome de son pays des remerciements enthousiastes, dont la déclamation pouvait seule faire deviner le sens à celui qui en était l'objet; cette circonstance rétablit la paix avec les Onéydas.

Beauvoir continuait à prospérer : à force de persévérance et d'activité, le jeune Français avait élevé, dans cette nouvelle Arcadie, huit chaumières environnées de bois et de terres labourables.

Anatole avait voulu célébrer le double anniversaire de la naissance de Cécile et de la fondation de Beauvoir; tous les colons depuis huit jours étaient occupés des préparatifs d'une fête dont Cécile était la seule qui ne fût pas prévenue : au mois de mai 1789, Anatole, à la tête des habitants de Beauvoir et d'une foule de sauvages onéydas, conduits par le jeune Onanthya, vint chercher Cécile et Nathalie pour les mener aux *Bruyères*. Ce nom pourrait me dispenser de dire qu'Anatole, à l'insu de Cécile, avait fait construire à deux lieues de Beauvoir, et dans un site tout-à-fait semblable à celui dont il voulait rappeler le souvenir, une espèce de donjon qui figurait grossièrement, par sa forme et ses principaux détails extérieurs, leur château de la Sologne et la fameuse tour des Archives. Les canots qui devaient remonter le cours de la Susquehanna, et conduire aux Bruyères la jeune châtelaine escortée des colons et des Onéydas, étaient pavoisés avec élégance : celui qui lui était destiné avait reçu, de l'ingénieuse adresse des colons, la forme d'un berceau de fleurs.

Rien de plus riant ni de plus pittoresque que ce voyage : le printemps expirait; l'air était calme; la température délicieuse. Les bateaux remontaient le cours de la Susquehanna, qui se cachait entre deux rives couvertes de folle avoine, d'où des milliers d'oiseaux s'envolaient au bruit de la rame qui frappait l'onde. Anatole et Cécile jouissaient de cette volupté profonde et douce qu'inspire une nature primitive et pittoresque aux ames qui savent la sentir. Dans ces lieux, où l'homme n'a pas encore tout usurpé, les forêts ont une plus fraîche verdure, et les arbres qui ombragent à-la-fois la rivière embarrassée de joncs et la nacelle du voyageur, comptent des siècles d'une existence que jamais la main de l'homme n'a pu ni protéger ni attaquer.... Quand les colons atteignaient quelque petit village situé au milieu de cette nature féconde pleine de vigueur et de jeunesse, la scène devenait plus animée : de jeunes Canadiennes, dont la beauté piquante est si remarquable dans le premier âge, s'assemblaient sur la rive. Le son d'un cornet destiné à cet usage annonçait aux villageois l'arrivée de cette flotte, et les voyageurs, descendant au milieu des colons, allaient visiter ces cabanes, ces métairies, et ces plantations, berceau peut-être de quelque cité fameuse par le commerce, la guerre, ou les arts.

L'installation de Cécile se fit au bruit des seuls instruments que l'on possédât; on pense bien que le cornet canadien y jouait un grand rôle. Cécile, la fleur de ces déserts, transplantée par le sort loin de la civilisation dont elle avait toutes les graces sans en avoir aucun vice, était portée, par les bras vigoureux de deux Onéydas, sur une espèce de trône de verdure. Elle n'eut que le temps de jeter un rapide coup d'œil sur le séjour nouveau que l'attention délicate d'Anatole avait préparé pour elle; ses yeux étaient pleins de larmes, et le sourire qui embellissait encore son charmant visage prouvait que ces pleurs avaient leur source dans le sentiment du bonheur présent, comparé au souvenir des peines passées.

Le bruit du tambour annonça que les jeux allaient commencer sur la pelouse qui faisait face au château rustique dont les colonnades, formées de simples troncs d'arbres, imitaient grossièrement les pompes architecturales du château européen. Anatole, Cécile, et Nathalie, assis ensemble sous le portique du château des Bruyères, contemplèrent le curieux spectacle qui s'offrait à leurs regards. Plusieurs bijoux placés aux pieds de Nathalie, devaient être distribués à ceux qui vaincraient dans les jeux. Chacun des joueurs portait au bras gauche un ruban bleu pour distinguer des simples spectateurs les concurrents aux prix de la journée. Les sauvages onéydas, dont la fierté dédaigne ordinairement les divertissements des hommes de la chair blanche, consentirent à faire partie des joueurs. Onanthya, que la reconnaissance attachait à son libérateur Anatole, avait rassuré les hommes de sa tribu qui, dans cette fête solennelle, voulait jurer l'alliance éternelle avec la colonie, et fumer le calumet de paix. Précédé de trois jongleurs, Onanthya jura la parole, dans son langage auquel nul des colons ne comprit rien, mais dont chacun devina le sens et applaudit l'intention. Alors les Indiens mêlés aux colons, déposant leurs haches en un faisceau, entonnèrent le chant de la paix.

Le jeu de balle commença ensuite; réunis et formant un cercle, les Indiens et les colons chassèrent, rechassèrent, et pendant une heure firent voler à travers l'espace la balle toujours bondissante. Le prix devait appartenir à celui qui aurait montré à ce jeu le plus d'adresse. Toutes les voix nommèrent Onanthya, auquel Cécile remit, par les mains de la petite Nathalie, un collier d'acier et d'or, ornement favori des sauvages, et dont le jeune vainqueur se hâta de se parer. Un festin, pris sous une grande futaie au bord d'une eau courante, interrompit les jeux : rien ne peut égaler la grace naive de Cécile, si ce n'est la joie bruyante et la vive alégresssc des convives, quand sa blanche main remplissait les coupes.

Après le repas, les femmes Indiennes exécutèrent autour de Cécile une danse du pays, qui représentait une chasse; et le combat de la course commença ensuite : un Anglais fut vainqueur. Le prix de l'arc fut ensuite adjugé à Anatole lui-même, qui frappa d'une flèche un pélican rouge au sommet d'un pin. Le soleil se couchait, et de grandes toiles attachées aux branches des arbres servirent à dresser des tentes, sous lesquelles les colons et les sauvages s'endormirent, fatigués des plaisirs et des travaux du jour.

Cécile retrouva dans le donjon, qu'elle examina en détail, tous les meubles qui ornaient son ancienne chambre des Bruyères. Le berceau de Nathalie y occupait une place; l'illusion la plus douce la reportait aux lieux qu'elle avait embellis aux premiers jours de sa jeunesse? Les voluptés brûlantes que donne l'amour, quand il s'environne de dangers et de mystères, que suivent les regrets et les douleurs, valent-elles cette nuit de la jeune épouse, près du berceau de sa fille livrée au plus doux sommeil, au milieu de souvenirs charmants, et dans les bras d'un époux qui n'aimait qu'elle, dont elle était la vie, et pour qui elle avait tout sacrifié au monde?

Le matin suivant Anatole fit observer à son amie toutes les particularités du nouveau séjour qu'il avait créé pour elle. Tout y rappelait quelque souvenir tendre et passionné de la vie des deux amants. Cette roche était celle de la *séparation;* ce berceau, protégé par un gros arbre, était celui *du rendez-vous,* et reportait l'imagination des époux vers cette époque de douleur et d'amour à laquelle ils venaient à peine d'échapper.

Les jeux continuèrent le lendemain et le surlendemain; et, pendant que la révolution ébranlait l'Europe, les éclats d'une joie naïve faisaient retentir ces lieux sauvages où l'on ne connaissait ni tiers-état, ni noblesse, ni balance de pouvoir, ni bureaux, ni ministère.

Vers la fin du troisième jour, un jeune Indien onéyda, s'avança au milieu de l'arène et fit entendre qu'il voulait parler. Son discours, accompagné de gestes, ne fut point compris entièrement des colons; seulement on crut deviner, à travers cette pantomime un peu obscure, que l'Indien voulait indiquer un malheur dont la colonie devait bientôt être menacée; que ce malheur, quel qu'il fût, viendrait des forêts occidentales, et que la nation des Onéydas défendrait ses nouveaux amis avec toute la vaillance et tout le dévouement dont elle était capable. Après avoir parlé, il jeta devant lui deux colliers blancs et un rouge, en gage de paix, d'alliance, et de serment.

Le quatrième jour les colons retournèrent à Beauvoir avec Onanthya qui ne quittait plus Anatole. Beauvoir commençait à offrir cet aspect de demi-civilisation mêlé à une nature encore sauvage qui a beaucoup de charmes et d'originalité. Au-dessus des grands arbres, dont le tronc caverneux attestait qu'ils avaient vu passer et s'éteindre trente générations, s'élevait la fumée des chaumières. Les coups de la cognée, le tintement de la clochette, l'aboiement de chiens, se joignaient aux cris de l'oiseau moqueur, au fracas de la cataracte, et à tous les bruits de la solitude qui ne ressemblent à aucun des bruits que répètent les échos de nos sociétés civilisées. Les animaux des bois, enhardis par une longue possession de ces domaines, et qui n'avaient encore aucune défiance de l'homme, saluaient leurs hôtes inconnus. L'aspect de la plus opulente habitation, au milieu des jardins les plus artistement destinés, n'offrit jamais rien d'aussi délicieux, pour l'imagination et pour la pensée, que cette nature vierge, combattue et embellie par un commencement de culture. Le philosophe découvre dans ces fermes isolées l'avenir d'une civilisation riche, brillante, industrieuse. Ce germe de colonie se développe et grandit à ses regards: le bonheur, l'aisance, le luxe, les délicatesses de la vie, habiteront ce sol, naguère hérissé de ronces et chargé des débris d'une végétation qui remonte aux premiers jours du globe. La puissance des arts, la richesse et le vice, auront une progression égale et infinie; et peut-être cette faible bourgade devenue la capitale d'une province, un jour, épouvantée par des crimes nés de son opulence, sera-t-elle forcée de regretter le temps d'innocence et de pauvreté où elle se composait de quelques chaumières de sapin, bâties sur le bord du fleuve.

Les jours, les mois s'écoulèrent. Bientôt les canots des habitants de Beauvoir, voguant sur l'Ohio et la Susquehanna, allèrent porter aux marchés voisins les productions d'un sol fertile et d'une culture persévérante, productions qu'ils échangeaient contre des denrées plus chères, des semences exotiques, ou des instruments d'agriculture. Le sauvage Onanthya, chaque jour plus reconnaissant envers son bienfaiteur Anatole, revint de temps en temps le visiter dans sa chaumière et l'aider dans ses travaux. Ce jeune sauvage était vigoureux, agile, et intelligent. Une amitié tendre l'unit bientôt à la famille d'Anatole. Tantôt il apportait de belles peaux d'hermine blanche pour en garnir la couche de la petite Nathalie; tantôt de la mousse de cyprès dont le duvet forme des oreillers plus doux que le duvet du cygne; tantôt des graines rouges et noires qui, placées alternativement et suspendues par un fil de soie, composent un collier naturel de la plus grande élégance. De concert avec Anatole, il employait sa force à saper et à abattre les plus gros arbres, et pendant des journées entières il se plaisait à répéter les noms français des objets, et s'instruisait ainsi, par l'instinct de l'amitié, à parler la langue la plus élégante de l'Europe; mais l'humeur sauvage de sa tribu n'était pas effacée chez lui: après avoir paru sous le toit de l'homme civilisé, ce jeune enfant des déserts jetait de nouveau sur ses épaules nues et brunies par le soleil la peau de loup qui lui servait de vêtement unique; il laçait ses mocassins rouges, entonnait le chant du départ, s'élançait comme le faon sauvage dans ses bois natifs, et s'y enfonçait pour ne se montrer de nouveau que quelques semaines ou quelques mois plus tard. Peu de jours suffisaient pour le porter aux limites les plus reculées de ces solitudes : à travers ces forêts sans route, le seul instinct le dirigeait sans jamais l'égarer : la mousse rougeâtre des arbres, l'aspect des cieux, les nuances de verdure lui indiquaient le chemin qu'il avait à suivre. Plus rapprochés de la nature, on dirait que ces hommes primitifs sont encore identifiés à elle et à ses ouvrages; elle a pour eux un langage que l'homme des villes ne connaît plus; ils entendent clairement cette voix mystérieuse, dont les accents n'ont de sens que pour eux seuls.

Cependant le bonheur de la nouvelle colonie commençait à la rendre célèbre, et quelques nouveaux colons se joignirent aux fondateurs ; c'étaient, comme les premiers, des hommes chassés de leur pays par le malheur, et par la méchanceté de leurs concitoyens. Un Anglais qui avait été condamné à l'exportation pour avoir mal parlé d'un pair d'Angleterre, contre la loi du *scandalum magnatum;* un Espagnol que l'inquisition poursuivait; plusieurs émigrés français; deux Italiens que Rome papale bannissait; enfin un jeune Grec échappé aux bourreaux d'un pacha, se réunirent dans cette terre de refuge, qui semblait devoir servir de port commun à toutes les infortunes. Tous ces hommes de nations diverses, jadis ennemies, ne formaient plus, auprès de la Susquehanna, qu'une petite nation heureuse et unie; occupée de l'exploitation difficile d'un terrain vierge, elle oubliait le sang et les larmes dont l'Europe était couverte : car, au moment où Beauvoir commençait à fleurir, la révolution, comme je l'ai dit plus haut, éclatait avec toute sa violence; la bannière de la liberté flottait au milieu de l'orage, plantée sur des amas de mourants et de morts; et l'écho lointain des triomphes et des fureurs de l'ancienne société civilisée venait épouvanter les citoyens libres et simples de ces solitudes transatlantiques.

Satisfaits d'une vie qui leur offrait peu de jouissances de vanité ou de luxe et beaucoup de plaisirs du cœur, Anatole et Cécile élevaient la jeune Nathalie qui entrait dans sa quatrième année. C'était la plus charmante des enfants, et les colons avaient raison de la nommer *la Rose de la Susquehanna;* un mélange indéfinissable de la naiveté champêtre et de la finesse, de la grace, de l'élégance, qui appartenaient à sa mère, la caractérisait déja. Il fallait la voir, sur les genoux d'Anatole, enchanter son cœur paternel par mille séductions innocentes, par mille jeux enfantins, dont l'attrait se sent et ne peut se décrire. La religion inspirée par une vie simple au sein d'une belle nature, était la seule dont sa mère lui donnât l'idée. Elle la faisait prier, en joignant ses petites mains, pour les hommes qui aiment l'humanité, et sur-tout pour son père. Une négresse, qu'Anatole avait achetée et affranchie, se chargeait des soins du ménage : chaque jour de nouveaux fruits, de nouvelles plantations, un surcroît d'abondance et d'aisance, comblaient les vœux de la famille.

A mesure que Nathalie croissait en grace et en beauté, Onanthya semblait s'attacher plus vivement à ses parents et à elle : il perdait quelques uns de ses goûts sauvages; il acceptait quelques unes des marques de la civilisation. Anatole admirait la reconnaissance, le bon cœur, l'intelligence de ce sauvage qui n'avait pas dix-huit ans, et dont la vigueur morale et physique lui avait mérité le nom glorieux d'aigle de sa tribu. Cécile elle-même lui apprenait à prononcer les mots français les plus difficiles, et recevait de lui, en récompense, des présents tels que cet enfant des bois pouvait les offrir, des fleurs du désert, des nids d'oiseaux et des tissus.

Les Indiens, séduits par la bonté céleste de Cécile, pensaient qu'un ange leur avait été envoyé des régions des ames par-delà le grand abyme; et le charme de la beauté et de la grace, celui sur-tout de ses charitables vertus, captivaient les cœurs farouches des plus indomptables Onéydas. De là une alliance étroite et une véritable amitié entre ces derniers et les colons. Si les hommes de l'Europe l'emportaient dans l'emploi des ressources industrielles, s'ils connaissaient des moyens de tromper ou de vaincre la nature, que la simplicité indienne n'avait pas soupçonnés, en revanche la parfaite connaissance des localités et l'adresse des sauvages rendaient, en beaucoup de circonstances, leur secours très utile à la colonie. Les rares maladies qui attaquent la vie du sauvage trouvaient dans la maison de Cécile des remèdes préparés par elle; aidée de Lambert, elle avait établi, dans une partie isolée du bâtiment, un petit laboratoire où son domestique l'aidait à garnir de médicaments simples et utiles cette petite pharmacie. On peut juger de la reconnaissance et presque de l'idolâtrie des Indiens pour la femme d'Anatole, et du bonheur que son ame devait au sentiment d'être aimée et de rendre tant de cœurs heureux.

J'ai rapidement esquissé les jeux, les occupations, l'histoire enfin de cette heureuse colonie, où un philosophe n'eût trouvé, comme dans les grandes villes, ni les affreuses extrémités de la misère accouplées, pour ainsi dire, aux extrémités du luxe; ni la pompe et la barbarie des sentences judiciaires et sanglantes; ni la grandeur des palais à côté de la misère des échoppes. Anatole exerçait dans ce lieu désert une espèce de souveraineté républicaine, dont Cécile tempérait quelquefois la rigueur nécessaire; juge et patriarche plutôt que gouverneur ou roi, il abandonnait d'ailleurs à l'intérêt bien entendu de chacun des colons l'administration et la police de la colonie. Les exilés étaient trop exclusivement occupés du soin de cultiver la terre et de la féconder, pour se diviser eux-mêmes en factions ennemies; et l'aisance qui commençait à se faire sentir à Beauvoir, les mariages qui en augmentaient la population, l'industrie active et perpétuelle qui en accroissait le bien-être, donnaient à cette vallée une physionomie à-la-fois agricole, champêtre et élégante, qui charmait les regards et la pensée.

Cécile et Anatole ne donnaient de regrets qu'à leurs amis d'Europe: ils regrettaient peu d'ailleurs l'existence brillante des villes du vieux continent.

Ils se croyaient heureux, lorsque le contre-coup des troubles européens fut sur le point de détruire leurs toits paisibles et tout l'édifice de leur bonheur. L'influence mystérieuse de la politique des nations les plus éloignées devait attaquer au sein des déserts cette république naissante, composée par le hasard et fondée par de malheureux fugitifs. L'Angleterre, forcée de reconnaître enfin l'indépendance américaine, s'était lâchement vengée de son ancienne colonie en lançant contre elle des hordes sauvages qui portaient le fer et la flamme dans les villages des États-Unis les plus éloignés du centre et les plus difficiles à protéger.

On avait redouté l'existence et envié la rapide prospérité de la colonie de Beauvoir; des envoyés anglais étaient venus semer l'alarme parmi les tribus sauvages des environs. Les Chicawhaws, tribu ennemie des Onéydas, avaient cédé aux suggestions des Anglais, et s'étaient déterminés à attaquer la colonie. Ce projet, depuis long-temps médité, avait été annoncé par un jeune chef onéyda aux colons assemblés, le troisième jour des jeux; mais l'ignorance de la langue des sauvages n'avait pu donner, sur les faits, aucune lumière positive. Enfin le jour du danger approcha; et les Onéydas, fidèles à leur alliance, revinrent, sous la conduite du même chef et d'Onanthya, protéger la colonie et Cécile. Cette dernière était restée aux Bruyères avec Nathalie et

Lambert, lorsque le son de la conque et les pas des Indiens retentirent dans les forêts. Une foule d'Onéydas remplit bientôt le vallon; et les colons étant accourus pour les recevoir, le jeune chef prit la parole, et prononça ces mots, qu'Onanthya, dans son langage à demi barbare, interpréta à-peu-près ainsi:

« Hommes de la chair blanche, nous n'avons pas coutume de verser beaucoup de paroles ni beaucoup de larmes. Vous êtes faibles et en petit nombre. Nous avons planté avec vous l'arbre d'une amitié éternelle. Le génie du mal vous menace. Nous venons secourir vos bras et frapper vos ennemis au cœur.

« Apprenez que, vers la troisième lune des dernières neiges, deux hommes de chair blanche sont venus fumer avec notre tribu le calumet de paix. Ils nous ont apporté des colliers, des pierreries, des haches, et de la liqueur de feu; ils nous ont dit que nous ne devions pas laisser profaner les os de nos pères par des barbares, et que l'intention de votre grand-soleil (*votre roi*) était de nous chasser à jamais de la possession *de nos solitudes*.

« Nous n'avons pas voulu les écouter, nous avons lu dans vos cœurs; mais les Chicawhaws sont une nation dure et féroce. Leurs sachems (leurs sages) ont délibéré entre eux. Déja quelques combats avaient excité contre vos paisibles huttes le courroux de cette tribu ; et, si elle n'eût tremblé devant la vengeance des Onéydas, elle eût débordé comme un torrent dans votre vallée. Mais les paroles et l'alliance des guerriers anglais rendirent le courage à ces cœurs de lièvre, et les conseils des deux hommes de la chair blanche prévalurent parmi eux. Ils résolurent de livrer à votre colonie une guerre de lions affamés ou de tigres rugissants, et d'en cacher l'intention avec tout le secret des renards.

« Un grand rocher s'élève aux bords de l'abyme des ames (l'Océan); c'est sous ce rocher que la mer s'engouffre dans une caverne profonde, où les canots peuvent entrer, et où les tribus ne sont convoquées que dans les moments des plus grands dangers. Ce fut là que la voix de nos vieillards nous ordonna de nous réunir, pour méditer ensemble, guerriers et sachems, ce que nous avions à faire pour détruire les nouvelles habitations qui menaçaient notre indépendance.

« Nos canots entrèrent sous ces roches stériles dont nos torches ne pouvaient dissiper les ténèbres épaisses : au fond se trouve une hutte de la prière, consacrée par six manitous puissants, qui élèvent du sein des eaux et de la nuit leurs formes épouvantables; on y fit des cérémonies que je ne puis révéler; ma bouche, parjure au serment du silence, se collerait contre mon palais. Enfin, l'assemblée tenue dans les entrailles de la terre a décidé que

Beauvoir n'existerait plus le troisième soleil après celui où je te parle.

« Tel était l'avis des Chicawhaws et de la majorité des tribus : mais la voix des Onéydas a retenti. Les accents de leur colère ont ébranlé les vieux portiques de ces cavernes. Ils ont représenté que votre vie était paisible, que vos huttes n'étaient habitées que par de bons génies, et que les Onéydas, ayant juré aux colons paix et alliance, les défendraient jusqu'au dernier souffle. J'ai dit. »

Onanthya, prenant ensuite la parole, s'adressa au chef de la colonie :

« Tu ne diras pas que le cœur d'Onanthya est sans reconnaissance; tu m'as sauvé; tu es mon frère; j'ai bu dans ta coupe; j'ai pris ta petite fille dans mes bras, et je l'ai balancée, suspendue aux longs rameaux du chèvre-feuille. Voici le malheur qui approche. Il y a un nuage terrible à l'horizon; tu le crois une vapeur faible et légère : en peu d'heures il deviendra redoutable. Nous avons traversé le désert plus rapidement que les chevreuils ne traversent la savane, et vous êtes avertis; invoquons le dieu de la guerre et défendons-nous. »

Les colons, avertis du danger par la généreuse amitié des Indiens, prirent sous la direction d'Anatole toutes les mesures nécessaires à leur sûreté. Onanthya partit pour le fort Meschawas où se trouvaient une garnison américaine et des secours pour la colonie. Anatole fit construire à la hâte des espèces de fortifications improvisées, et élever une digue assez puissante pour que ses madriers, en retombant l'un sur l'autre, arrêtassent le cours des eaux, et, en inondant le terrain, opposassent aux ennemis un nouvel obstacle. Dans le dénuement d'armes offensives et défensives où se trouvait la colonie, on fit usage de tout ce qui pouvait se changer en instruments de destruction ou de rempart contre les agresseurs.

Un détachement d'Indiens donnés à Cécile se rendirent aux Bruyères, conduits par Anatole qui leur avait recommandé de ne point avertir sa femme du péril de la colonie. En effet, ils se livrèrent à leurs jeux accoutumés avec cette sérénité que les stoïques de la vie sauvage portent dans toutes les actions de leur vie et qu'ils conservent dans tous les dangers.

L'arrivée de quelques troupes provinciales, jointe aux efforts d'Anatole et sur-tout au dévouement d'Onanthya, dispersa en peu de temps les Chicawhaws qui n'osèrent plus reparaître ni inquiéter la colonie. Onanthya avait reçu une blessure grave à la cuisse. La colonie lui devait beaucoup : car c'était lui qui, après avoir secouru Anatole dans les préparatifs de défense, avait en peu d'heures traversé le désert pour avertir les Américains du danger qui planait sur la colonie. Il était revenu concourir à la défense de Beauvoir avec la même célérité: la reconnaissance, dont les sophismes de l'homme civilisé le débarrassent aisément, est une vertu d'instinct pour l'homme sauvage.

Cécile n'avait point appris les dangers que son mari avait courus, et au moment où elle reparut à Beauvoir, les colons et les Onéydas groupés sur le gazon, se reposant de leurs fatigues, chantaient, après le repas, l'hymne joyeux de la victoire. La paix régna de nouveau dans la vallée.

Un soir, à cette heure voluptueuse et mélancolique où l'amour devient plus tendre et la joie plus rêveuse, les heureux époux parcouraient ensemble le verger qui se trouvait derrière leur habitation; le doux épanchement d'un bonheur mutuel remplissait leurs discours et leurs ames. Un Indien, couvert de sueur et haletant de fatigue, franchit d'un seul bond la haie qui séparait le verger de la forêt, et se précipite aux pieds d'Anatole; c'était un des Onéydas alliés de Beauvoir, qui apportait, avec la rapidité d'un enfant des bois, une lettre dont on l'avait chargé au fort Meschawas. Anatole reconnut la main de son ami, et brisant le cachet avec vivacité, il lut ce qui suit:

CHARLES A ANATOLE.

« Reviens, mon ami, reviens, il en est temps; le

combat entre le droit et le privilége, entre la liberté et la licence, est fortement engagé; il y a danger pour l'homme de bien dans cette lutte terrible; c'est pour cela même que tu ne dois pas en ce moment rester éloigné de ta patrie.

« Trône, Église, institutions monarchiques, tout s'écroule à-la-fois; le passé s'efface, un monde nouveau renaît des cendres brûlantes de l'ancien. Tu sais que dans nos entretiens nous avons souvent agité la question de savoir combien de temps pouvait subsister une monarchie au milieu des éléments oligarchiques et démocratiques où la nôtre se trouvait placée: eh bien! mon cher Anatole, comme je l'avais prévu, ces éléments, échauffés, agités en tout sens, ont produit une combustion spontanée; l'incendie est devenu général, et déja l'on ne s'occupe plus qu'à limiter ses ravages. Je dois avouer qu'il est à craindre qu'on ne se rende maître du feu qu'après de bien grands sacrifices; les plus sages et les plus habiles pourront fort bien périr sous les débris, mais il n'en est pas moins vrai qu'il y a dans cette conflagration universelle une chance de développement pour les hommes d'un grand caractère. Reviens donc au moment où les talents se classent, où les hommes peuvent servir leur pays avec éclat et avec gloire. Ai-je besoin de te parler de moi? de te dire que le seul bien qui manque à ma vie c'est de te presser sur mon cœur et de revoir Cécile, cette douce compagne de tes adversités, et qui l'est aujourd'hui de ton bonheur?

« *P. S.* Ci-joint une lettre pour MM. Davisson de New-Yorck, chez qui tu trouveras les fonds dont tu peux avoir besoin pour ton retour. »

Trois mois après la réception de cette lettre, Anatole et Cécile étaient de retour en France; et la même maison réunissait, à Paris, Charles d'Épival, devenu l'époux de madame de Neuville, et les exilés des rives de la Susquehanna. Ce qu'ils devinrent dans le cours d'une révolution où Charles et Anatole jouèrent un si grand rôle, c'est d'eux seuls qu'on l'apprendra dans les mémoires dont M. de Césane occupe sa vieillesse.

Quant à la petite colonie de Beauvoir, après une prospérité de dix années, et déjà parvenue à la dignité d'un bourg, elle fut détruite par le fameux Brandt, Indien civilisé par les Anglais, qui, mêlant à la politique de ses maîtres la férocité des cannibales ses aïeux, couvrit de cendres et de cadavres, en 1799, les bords riants et fertiles de la Susquehanna.

FIN DU SECOND ET DERNIER VOLUME.

TABLE.

LETTRE L. Madame de Neuville à madame de Clé-
nord.................... Page 3
LI. Pauline à Cécile.................... 5
LII. Anatole à Cécile.................... 8
LIII. Cécile à Anatole.................... 12
LIV. Anatole à Charles.................... 15
LV. Anatole à lui-même.................. 21
LVI. Madame de Clénord à madame de Neu-
ville......................... 27
LVII. Madame de Neuville à Charles d'Épival. 31
LVIII. Madame de Neuville à Anatole....... 32
LIX. Cécile à Anatole.................... 34
LX. Anatole à madame de Neuville......... 35
LXI. Charles à Anatole.................. 37
LXII. Cécile à Anatole.................... 42
LXIII. Madame de Neuville au chevalier d'É-
pival........................ 46
LXIV. Cécile à Anatole 53
LXV. Madame de Clénord à madame de Neu-
ville......................... 57
LXVI. Cécile à madame de Clénord........ 60
LXVII. Anatole à Charles................. 63
LXVIII. Charles à Anatole 68
LXIX. Cécile à Pauline................... 76

Lettre LXX. Anatole à Cécile..............	Page	79
LXXI. Anatole à Charles.................		83
LXXII. Charles à Anatole...............		89
LXXIII. Cécile à Anatole................		96
LXXIV. Émilie de Neuville à Charles d'Épival.		102
LXXV. Cécile à Anatole................		108
LXXVI. La même au même..............		114
LXXVII. Charles à Émilie...............		118
LXXVIII. Anatole à Cécile..............		125
LXXIX. Pauline à Cécile................		130
LXXX. Cécile à sa mère................		133
LXXXI. Madame de Clénord à sa fille......		135
LXXXII. Émilie à Charles...............		137
LXXXIII. Cécile à Anatole..............		139
LXXXIV. Anatole à Cécile..............		141
LXXXV. Anatole à Cécile..............		144
LXXXVI. Charles d'Épival à madame d'Houdetot, pour remettre à madame de Neuville................		158
LXXXVII. Madame de Neuville à Charles d'Épival....................		160
LXXXVIII. La même au même...........		163
LXXXIX. Charles d'Épival à Victor d'Épival.		166
XC. Pauline à Cécile....................		169
XCI. Cécile à Pauline...................		171
XCII. Charles d'Épival à Victor d'Épival....		174
XCIII. Le même au même................		179
XCIV. Le même au même...............		192
XCV. Le même au même................		196
XCVI. Le même au même...............		200
XCVII. Madame de Neuville à Charles d'Épival........................		206

LETTRE XCVIII. Charles à madame de Neuville. Page 208
XCIX. Charles à Victor 209
C. Le même au même 213
CI. Anatole à Charles.................. 216
CII. Charles à Anatole.................. 218
CIII. Anatole à Charles.................. 221
CIV. Charles à Anatole.................. 228
CV. Cécile à Anatole.................... 230
CVI. Lambert à Charles d'Épival........... 234
CVII. Charles d'Épival à madame de Neuville 243
CVIII. Anatole à madame de Neuville....... 251
CIX. Charles d'Épival à madame de Neuville..................... 254
CX. Le même à la même................. 265
CXI. Anatole à Cécile 267
CXII. Cécile à Anatole.................. 270
CXIII. Charles d'Épival à madame de Neuville. 272
CXIV. Anatole à Émilie de Neuville 282
CXV. Cécile de Clénord à son père......... 293
CONCLUSION.................................. 297

FIN DE LA TABLE.

www.ingramcontent.com/pod-product-compliance
Lightning Source LLC
Chambersburg PA
CBHW060656170426
43199CB00012B/1812